AF315047

# AGENDA

## DE SANTÉ.

# AGENDA
## DE SANTÉ,

O U

## NOUVEAU RECUEIL PORTATIF

*Des Plantes, Arbres & Arbustes, tant de la France que des Pays étrangers, rangées, non sous leur ordre alphabétique accoutumé ; mais sous celui des maladies qu'elles concernent.*

### OUVRAGE

Qui, en réunissant avec précision & exactitude, d'après les meilleurs Maîtres, toutes les simples douées d'une même propriété, touchant chaque espèce de mal, a été mis à la portée de tout Particulier, & doit généralement intéresser.

*Dédié à M. le Comte* DE STROGANOFF.

La santé ! quel trésor plus digne de nos soins ?

Par M. ANDRÉ HONORÉ.

*Prix 2 livres.*

A PARIS,

De l'Imprimerie de PH. D. PIERRES, Imprimeur Grand-Conseil du Roi, rue Saint-Jacques.

Et se trouve chez les principaux Libraires des Villes de Province.

M. DCC. LXXVII.

*Avec Approbation & Privilége du Roi.*

## A MONSIEUR

# LE COMTE DE STROGANOFF,

Conseiller - Privé, Chambellan de l'Impératrice des Ruffies, Chevalier des Ordres de l'Aigle Blanc, de Sainte Anne, & de S. Alexandre.

*MONSIEUR,*

*Un Ouvrage confacré à l'humanité a droit de trouver un Protecteur ami de l'humanité. Cette vertu, qui vous diftingue plus encore, que tous les titres dont vous êtes décoré, m'eft un fûr garant de l'accueil du Public.*

*J'ai donc cru, MONSIEUR, que l'importance de mon travail, pouvoit*

a

*le rendre digne de votre attention. Les bienfaits que vous avez versés sur moi m'ont fait espérer que vous daigneriez accepter mon hommage : il est le tribut de la reconnoiſſance. Je l'annonce hautement pour que le Public ne s'y méprenne pas. Il pourroit penſer que je n'ai deſiré que la fortune de mon livre, quand j'ai oſé le préſenter à un Seigneur dont la naiſſance, autant que les vertus & les lumieres, atteſtent combien la Souveraine du Nord ſçait diſtinguer les Perſonnes dignes de l'approcher & de la ſeconder dans les prodiges qu'elle opére ſur ſes heureux Sujets.*

*Je ſuis ,*

MONSIEUR,

*avec un profond reſpect ,*

Votre très-humble & très-obéiſſant Serviteur, ANDRÉ HONORÉ.

# AVERTISSEMENT.

L E Public ne doit pas s'attendre à trouver un ſtile fleuri dans l'Ouvrage que je lui préſente. La ſolidité eſt tout ſon mérite ; & il n'a point été ſuſceptible d'ornemens. J'ai cru pouvoir me diſpenſer de ſuivre ici le précepte d'Horace. Sans chercher l'agréable, je ne me ſuis propoſé que l'utile. Cet Ouvrage eſt une ſimple collection de Remedes uſuels, que je mets ſous la main de tous les Citoyens.

L'utilité des Livres qui traitent de la Botanique eſt aſſez reconnue pour que je puiſſe me diſpenſer de m'étendre ſur ce ſujet. Cependant, il n'eſt perſonne qui ne ſoit en état d'appercevoir que la forme que les Botaniſtes ont donné à leurs Ouvrages, n'eſt point ſans inconvénient. En effet, avec quelle facilité peut-on trouver dans un Dictionnaire des Plantes, toutes celles qui ſont propres à apporter du ſoulagement à chacun des maux dont on eſt attaqué ?

Ainſi, un Ouvrage qui, au lieu de l'ordre alphabétique des Plantes, indique ſous l'ordre alphabétique des différentes maladies, la propriété de celles qui y ont rapport; qui préſente une collection ample & ſuivie de ces Plantes pour chaque maladie, en preſcrivant auſſi les doſes exactes & ſures, ſous leſquelles on en peut uſer; qui fait connoître avec ſoin les Plantes ſuſ-

pectes, & établit le véritable dé-
gré de confiance qu'on doit aux
autres, peut bien paſſer pour un
Recueil neuf. Il a droit encore à
la bienveillance du Public, en ce
qu'il lui épargne un travail ingrat,
& que je ne crains pas de dire
indiſpenſable. On voit par-là, le
motif qui m'a porté à mettre ce
Livre au jour. Si l'eſſai que je
fais de cette entrepriſe a du ſuccès,
j'en témoignerai ma reconnoiſſance
au Public, en ne la laiſſant point
imparfaite.

---

*N<sup>a</sup>*. Il ſera facile de remarquer
que j'ai fait quelques Additions im-
portantes à mon Ouvrage pendant
le cours de ſon impreſſion. Je l'ai
auſſi terminé par une Table alpha-

bétique des Plantes, dans laquelle
leurs différentes propriétés font réunies, à l'article de chacune. Toutes
les pages du Livre où elles font
employées y font citées.

# TABLE

## ALPHABÉTIQUE

*Des Maladies qui ont entrées dans la composition de ce Livre.*

# TABLE

## ALPHABÉTIQUE

*Des Additions à plusieurs articles de cet Ouvrage.*

## AUX ARTICLES

## *P L A N T E S.*

AGENDA

# AGENDA DE SANTÉ.

## ASTHME.

*Plantes qui paſſent pour être propres, ſoit ſéparément, ſoit pluſieurs aſſociées enſemble, à guérir ou à ſoulager dans l'Aſthme.*

AGARIC. (l') Celui qui croît ſur le tronc du *méleſe*. On le prend en ſubſtance, depuis un demi-gros juſqu'à un gros & demi, dans l'Aſthme humide.

AIL. (l')

ANGÉLIQUE. (l') Sa racine procure quelquefois du ſoulagement aux Aſthmatiques.

A

ANIS. (l') Sa graine s'emploie dans la difficulté de respirer.

ARISTOLOCHE. (l') Les racines des deux premieres especes, & celles de la troisieme aussi, facilitent le crachement dans l'Asthme.

AURONE. (l') ou *Garde-Robe*. La décoction de ses sommités dans du vin, ou de l'eau, passe pour faciliter l'expectoration des Asthmatiques, pourvu qu'on y ajoute un peu de miel.

BENJOIN. (le) *Ses fleurs*. La dose est depuis six jusqu'à dix grains, dissous dans deux gros d'eau de canelle orgée, & quatre onces d'eau de coquelicot, ou de tussilage.

BOTRYS. (le) autrement *le Piment*. On le vante, dans l'Asthme humide, & dans le cas où on ne peut respirer que debout ; autrement dans l'Orthopnée. On l'ordonne alors en poudre, à la dose d'un gros, incorporé avec du miel ou du sirop.

On assure avoir guéri par l'usage de ce remede, des personnes qui crachoient le pus.

CALAMENT. (le) On en fait un sirop excellent pour l'Asthme.

CAMPHRÉE. (la) En guise de thé, ou en ptisane. On y ajoute cinq à six gouttes d'essence de viperes, & autant de laudanum liquide. Il faut user avec précaution de ce remede. Cette plante échauffe beaucoup ; & il ne faut pas la donner dans l'Asthme, lorsqu'il n'est que le symptôme d'une autre maladie.

CANELLE. (la)

CARTHAME. (le) *le Safran bâtard.* Sa graine.

CATAIRE. (la) *l'Herbe aux Chats.*

CERFEUIL. (le) d'Espagne, ou musqué. Ses feuilles séches, fumées comme celles du tabac.

CHARAMEIS. (le) *arbre du Canada.* Ses feuilles, & ses racines.

COULEUVRÉE. (la) *la Bryone.* Toutes ses parties.

CRESSON, (le) de fontaine. Ses feuilles, bouillies dans le lait.

DORONIC. (le) d'Allemagne. *l'Arnica.* Dans l'Asthme pituiteux. Il faut en user avec précaution.

ÉPINARDS. (les) En user bouillis avec du veau.

ESPATULE. (l') ou *Glayeul-puant.* La poudre qu'on tire de sa racine séche, à la dose d'une demi-once. Pour l'Asthme humide.

FENOUIL. (le) Sa graine séche en poudre, mêlée avec des béchiques, depuis demigros jusqu'à un gros.

L'huile essentielle qu'on tire par la distillation de ses graines séches, macérées dans de l'eau, six gouttes dans du lait, ou dans une décoction pectorale.

FIGUIER. (le) Le bois de son fruit en décoction, avec des sommités d'hyssope, &c.

FILIPENDULE. (la) Sa racine en poudre.

FRAISIER. (le) La décoction de ses racines, bouillies avec des raisins secs, la réglisse, & un peu de canelle.

GÉNIEVRE. (le) Les baies, pour l'Asthme humide.

Tous les matins à jeun, demi-gros d'un mélange fait avec du beurre de Mai, & des baies vertes de geniévre.

La liqueur qui se prépare avec des baies de geniévre, & des pruneaux.

HYSSOPE. (l')

IMPÉRATOIRE. (l') Demi-poignée de ses feuilles infusées, dans une pinte de vin, dans un vaisseau bien bouché, un petit verre le matin à jeun.

IRIS. (l') de Florence. Sa racine séche.

LAVANDE. (la) Les épis chargés de leurs fleurs, & séchés proprement, en guise de thé, pour l'Asthme convulsif.

LIERRE-TERRESTRE. (le) Le sirop, fait avec ses feuilles, & la conserve, à la dose d'une once.

L'extrait, à celle d'une demi-once.

Sa poudre, avec autant de fuc détrempé, dans fon eau diftillée, à la dofe d'un demi-gros.

MACERON. (le) Sa racine.

MARJOLAINE. (la) L'infufion de fes fleurs, pour faire cracher les Afthmatiques.

MAROCHEMIN. (le) Le *Marrube-blanc*. Ses fleurs & fes feuilles, en firop, en pti-fane, pour l'Afthme humide. Son fuc, à la dofe de trois ou quatre onces.

MATRICAIRE. (la) Son infufion, fon firop.

MENTHE. (la) Son infufion, & celle du pouliot, avec le fucre ou le miel.

Sa racine en poudre, en fubftance, à la dofe d'un gros, dans un verre de vin blanc.

En infufion, à la dofe de deux gros.

MURIER-NOIR. (le) Le vinaigre qu'on fait avec fon fruit.

NAVET. (le) Sa décoction, avec du fucre.

OIGNON. (l') Cuit fous la braife, & mangé avec de l'huile & du fucre, pour fou-lager les Afthmatiques.

ORIGAN. (l') L'infufion de fes feuilles, & de fes fleurs, pour faire cracher plus faci-lement les Afthmatiques.

ORTIE. (l') Ses racines cuites au fucre. Son fuc.

PALIURE. (le) Le *Porte-Chapeau*. Pour l'Asthme humide.

PÉTASITE. (la) Sa racine, pour faire expectorer.

PIED-DE-VEAU. (le) *L'Arum.* La fécule de cette plante, qui est la résidence du suc de sa racine, pilée, à la dose de deux gros, en bol, incorporé avec un peu de miel.

POLITRIC. (le) Dans l'Asthme humide.

POLYPODE. (le)

RAVE. (la) La décoction de ses racines.

ROMARIN. (le) Le vin, dans lequel on a fait bouillir ses feuilles, & ses fleurs, adouci, avec un peu de sucre.

ROSSOLIS. (le) ou *la Rosée du Soleil.*

SAUGE. (la) On fume ses feuilles dans l'Asthme, de même que celles du tabac.

SAXIFRAGE. (la)

SCEAU DE NOTRE-DAME. (le) La racine vierge.

STORAX. (le)

SUREAU. (le) Ses fleurs, leur infusion, en guise de thé.

TABAC. (le) Ses feuilles mâchées.
Le sirop qu'on fait avec.

THYM. (le)

TUSSILAGE. (le) *le Pas-d'Ane.*

Ses feuilles fumées, en guise de tabac.

VALÉRIANE. (la) *la grande.*

Sa racine, en ptisane avec de la réglisse, & des raisins de Corynthe, bue tiede les matins à jeun.

Celle des haies.

VÉLAR, (le) *la Tortelle.*

VÉRONIQUE. (la)

---

# BRULURE.

## *Plantes qui passent pour être propres dans la Brûlure.*

AIL. (l') On fait avec son suc, & l'huile de noix, un mélange vanté pour la Brûlure.

ALLELUIA. (l') *Ses feuilles broyées,* & appliquées promptement sur les Brûlures.

ARMOISE. (l') ou *Herbe de Saint-Jean.* On fait avec ses feuilles un cataplasme.

AUBERGINE. (l') La plante, & son fruit, appliqués.

CALEBASSIER. (le) La pulpe de son fruit est un des meilleurs remedes pour la Brûlure.

CHANVRE. (le) L'huile qu'on en tire, &c.

COIGNASSIER. (le) Le mucilage qu’on tire de ſes pepins, ou ſemences, avec l’eau de roſe, ou de ſolanum.

COURGE. (la) Sa chair pilée crue , & appliquée, &c.

ENDORMIE. (l’) Ses feuilles, avec du ſain-doux, en onguent.

FOUGERE. (la) Le mucilage qu’on tire de ſes racines fraîches, pilées, &c.

FRENE. (le) La poudre de l’écorce de ſon bois, avec de la céruſe, & de l’huile d’olive, parties égales. Le tout cuit, pour onguent.

GALEOPE. ( le ) jaune. L’*ortie* , *jaune*. Ses feuilles fraîches, macérées dans l’huile.

JOUBARBE, (la) la grande. L’artichaut ſauvage.
Son ſuc mêlé avec de l’huile de noix, & battu enſuite.

LIERRE-TERRESTRE. (le) Son ſuc récemment exprimé, & cuit avec de la graiſſe d’une pie qui n’ait pas été rotie, mis en onguent.

NARCISSE. (le) Sa racine, promptement appliquée, avec du miel.

NOMBRIL DE VÉNUS. (le) Ses feuilles, & ſon ſuc.

NOYER. (le ) Sefeuilles, graiſſées avec parties égales d’huile de noix, & de cire jaune.

L'huile de noix, tirée sans feu, pour les Brûlures, faites par la poudre à canon. On frotte la partie brûlée, & on y applique une feuille de noyer. On la mêle aussi avec de l'eau de chaux.

OIGNON. (l') Écrasé avec un peu de sel, & appliqué sur une Brûlure récente, il fait cesser la douleur, & empêche qu'il ne s'y forme des cloches. A ce premier, on peut en faire succéder un second, qu'on fera cuir sous la cendre, & qu'on pétrira, en forme d'onguent; on en enveloppera la partie brûlée, avec un linge.

OLIVIER. (l') L'huile de son fruit, & du vin, battus ensemble; ce qu'on nomme le Baume Samaritain.

POMME DE MERVEILLE. (la) L'huile d'amandes douces, dans laquelle son fruit a infusé.

POMMIER. (le) L'eau distillée des pommes pourries, en y ajoutant du sel de Saturne.

SUREAU. (le) L'huile de son écorce moyenne, faite par infusion.

*Excellent Remede pour la Brûlure.*

On fait bouillir une livre d'écorce moyenne de sureau, dans deux livres d'huile d'olive, lavée plusieurs fois, avec l'eau de fleurs de sureau. On passe l'huile par un linge;

lorfque l'écorce eft affez cuite, ce qu'on connoît par fa noirceur, on y ajoute quatre onces de cire neuve, & autant de fuc des tendrons de cette plante, que l'on fait bouil-lir, jufqu'à la confomption du fuc. Enfuite, on retire la baffine du feu, & on mêle avec l'huile de fureau, deux onces de thérében-tine, quatre onces d'encens mâle, & deux jaunes d'œufs durcis.

Pour les Brûlures, occafionnées par la poudre à canon, on applique fur les par-ties brûlées, le miel commun, & enfuite, l'huile de noix, dans laquelle on a fait bouil-lir du fureau.

On lave les ulceres qui fe forment à la fuite de la Brûlure, avec la décoction des écorces de fureau & de frêne.

Pour la Brûlure, même celle qui a été faite avec de l'eau bouillante, l'onguent de fureau, mêlé avec le baume de foufre de Rulland.

TILLEUL. (le) Le mucilage, tiré de fon écorce moyenne, fait avec l'eau de plantin.

# CANCERS.

## *Plantes qui passent pour être propres pour les Cancers.*

ACHE. (l') On en bassine les Cancers, & les ulceres des mamelles.

AIL. (l') Ses racines pilées dans un mortier, & réduites en onguent, avec de l'huile d'olive versée peu à peu dessus, ont servi quelquefois pour adoucir les Cancers.

AUBERGINE. (l') On se sert de la plante, & du fruit extérieurement, pour les Cancers.

BEC DE GRUE , (le) ou *la Géraine.*
On prétend que la simple décoction de l'herbe à Robert, qui est la deuxieme espece de cette plante, soulage les douleurs du Cancer.

BELLADONA , (la) *le Bouton noir.*
On a guéri des Cancers ulcérés, à la mamelle, de la maniere suivante :
On a fait infuser un scrupule des feuilles de belladona , dans dix tasses d'eau ; on a prescrit une tasse de cette infusion à la malade ; qui n'éprouva qu'un peu de vertiges, pendant quelque tems, & de la sécheresse à la bouche. Ce traitement dura 17 mois;

& la malade ayant pris en tout six gros de belladona, se trouva guérie.

Plusieurs personnes, après avoir éprouvées ce remede, en ont vanté le succès, & l'ont annoncé comme un spécifique contre les Cancers.

On a encore annoncé depuis, une nouvelle façon de préparer ce remede. Au reste, il faut ne jamais perdre de vue, que cette plante est dangereuse & maligne, & qu'elle ne doit être employée qu'avec une prudence extrême, & dans des cas désespérés.

CAROTTE. (la) On fait, avec celle qu'on cultive, le topique suivant, pour les Cancers ulcérés.

Prenez des carottes récentes, rapez-les, avec une rape à chapeler le pain; exprimez en le suc, en le pressant dans la main seulement. Faites chauffer le marc dans un poëlon de terre, ou sur une assiette, appliquez-le sur l'ulcere, en guise de cataplasme bien épais. S'il y a des enfoncemens, des clapiers, il faut les remplir, de façon que ce remede touche immédiatement les chairs dans tous les points. Couvrez le tout d'une serviette bien séche, & un peu chaude. On renouvelle ce pansement, deux fois en vingt quatre heures. On enleve à chaque fois le vieux cataplasme : on lave & on nétoie en même tems l'ulcere, avec un pinceau de charpie détrempée dans la décoction de ciguë, &c. La guérison est lente, mais sûre.

CHARDON HÉMORROIDAL. (le) Son suc, ou ses feuilles pilées.

CHARDON MARIE. (le) Particuliérement contre les Cancers des narines.

CHOU ROUGE. (le) Les urines de ceux qui en mangent habituellement.

CIGUE, (la) *la grande.* Son extrait, avec circonspection.

CONCOMBRE SAUVAGE. (le) L'application de ses feuilles pilées.

DENTELAIRE, (la) *l'Herbe aux Cancers.* Sa racine.

ENDORMIE. (l') Extérieurement, pour les ulceres carcinomateux.

HERBE A COTON. (l') Son eau distillée.

ILLÉCEBRA, (l') *la petite Joubarbe.* En fomentant souvent, avec sa décoction, pour le Cancer ulcéré & récent.

On en prend encore trois ou quatre poignées, on les pile dans un mortier, jusqu'à ce qu'elles soient réduites en pâte ; on y ajoute demi-once d'huile de lin ou d'olive ; on broie le tout ensemble pour en faire un cataplasme, qu'on applique sur la partie malade : on renouvelle le soir & le matin.

On se sert aussi de sa décoction dans l'eau mielée, en forme d'embrocation, ou d'arrosement, &c. Il faut purger souvent le malade.

LAMPSANE, (la) *l'Herbe aux mamelles.*
Son fuc, pour les mamelles ulcérées.

MATRICAIRE. (la) Contre les tumeurs
des mamelles.

MÉLILOT, (le) *le Mirlilot.* L'application de fes fleurs, jointes au camphre, pour
des tumeurs aux mamelles.

MORILLE. (la) Son fuc, mis quelque
tems dans un mortier dé plomb, pour en
baffiner les Cancers ulcérés.

NOMBRIL DE VÉNUS. (le) Ses feuilles
& fon fuc, contre les duretés des mamelles.

ROMARIN. (le) L'eau de-vie de vin,
dans laquelle on aura fait macérer fes feuilles & fes fleurs.

TREFLE ODORANT, (le) ou *Bitumi-*
*neux.* Son fuc, donné depuis une cuillerée,
jufqu'à deux, dans deux, ou trois verres
d'eau, eft un bon remede, pour corriger
l'humeur qui produit les vices cancereux.

VELAR, (le) *la Tortelle.* Appliqué extérieurement, pour le Cancer non ulcéré.

VÉRONIQUE. (la) On baffine avec fa
décoction, ou fon eau diftillée,

# COLIQUES.

*Plantes qui paſſent pour être propres dans ces maladies.*

ABRICOTIER. (l') L'huile exprimée des amandes des noyaux de ſon fruit, avalée à la doſe de cinq onces , dans une once de vin de Malvoiſie.

ABSINTHE. (l') Pour les Coliques venteuſes.

ADONIDE. (l') ou *l'Adonis.* Sa graine, pour la colique néphrétique.

AIGREMOINE. (l') Sa décoction , & celle de tilleul, dans une violente colique, même celle qui menace le ventre d'inflammation. On en boit quelques verées , & on applique le mare ſur le ventre, le plus chaudement qu'on le peut ſouffrir.

AIL. (l') Bouilli dans le lait, en lavement, pour la Colique venteuſe.

ALLIAIRE, (l') *l'Herbe aux Aillets.* Ses feuilles, dans les lavemens , pour les Coliques & la néphrétique.

AMANDIER. (l') L'huile d'amandes douces, pour appaiſer les tranchées dans la Colique.

Cette même huile, dans l'eau , ou la décoction de pariétaire , avec le sirop de limon , ou celui de guimauve , pour la néphrétique. Cette potion se réitére , autant qu'il est nécessaire.

ANCHOLIE. (l') Sa racine , mise en poudre , & prise dans du vin , à la dose d'un gros , appaise la Colique.

ANGÉLIQUE. (l') La décoction de sa racine , prise par verrées , calme les Coliques convulsives.

ANIS. (l') Sa graine.

ARRETE-BŒUF. (l') Quelques-uns font infuser deux gros de l'écorce de sa racine , dans un verre de vin blanc , & le font boire dans la Colique néphrétique , lorsqu'on est obligé d'employer les diurétiques , après avoir cependant préparé le malade par le bain.

AUNÉE, (l') *l'Enula Campana*. Le vin , qu'on prépare avec sa racine , est très bien ordonné dans la néphrétique. On en prend pendant trois jours, un verre le matin à jeun.

AVOINE. (l') Torréfiée dans une poële , avec quelques pincées de sel , renfermée dans une toile fine , & appliquée toute chaude sur le ventre , elle soulage la Colique. On peut aussi y mêler des graines de geniévre & de cumin.

On dit que les Allemands préparent un
sirop, avec la décoction d'avoine, pour guérir cette maladie.

BARDANE. (la) Les Anciens l'ordon-
noient pour la Colique néphrétique, à la
dose d'un gros en poudre, dans de l'eau de
cerfeuil, ou de persil.

BOUILLON-BLANC, (le) ou *la Mo-
lene*. Ses feuilles & ses fleurs, pour les douleurs de ventre.

BOULEAU. (le) On a fait entrer le suc,
qui découle au printems, de cet arbre, avec
les eaux de serpolet & de mûres de Nor-
vege, dans les potions, contre les Coliques néphrétiques.

Si en préparant de la bierre, on y met du
suc de bouleau, on a une bierre d'un excellent usage, contre la même maladie.

BUSSEROLE, (la) *le Raisin d'Ours*. Ses
baies.

CAMOMILLE. (la)

CANELLE. (la)

CAROTTE, (la) *Sauvage*. Sa racine.

CARTHAME, (le) *le Safran bâtard*. Sa
graine.

CARVI, (le) *le Cumin des prés*. Sa semence.

CERFEUIL. (le)

CERISIER. (le) Les noyaux, & les amandes de son fruit.

CHARDON-MARIE. (le) Ses feuilles, & les racines.

CHAUSSE-TRAPE, (la) *le Chardon étoilé.*

CHENE. (le) Son gland, & son écorce, à la dose d'un gros & demi, dans le lait.

CITRONIER. (le) Une once de sirop de limon bouilli, avec autant d'huile d'amandes-douces, dans quatre onces d'eau de pariétaire.

COQUERET, (le) *l'Alkekenge.* Cinq ou six onces de ses grains, dans une émulsion ordinaire, un des plus prompts secours dans la néphrétique, en n'en usant que dans les intervalles des accès.

CORONOPE, (le) *la Capriole.*

CURUT-JETI, (la) *herbe des Indes Orientales.* En poudre, pour les douleurs néphrétiques.

DENT DE LYON, (la) *le Pissenlit.* Son suc.

DORONIC. (le) d'Allemagne, *l'Arnica.* Pour la néphrétique sabloneuse pituiteuse. Il faut en user avec précaution.

FENOUIL. (le) Sa racine, contre la néphrétique.

Sa femence féche, en poudre, avec du fucre, depuis demi-gros, jufqu'à un gros, pour les Coliques.

L'huile effentielle qu'on tire par la diftillation de fes graines féches, macérées dans de l'eau, fix gouttes, mêlées avec dix ou douze grains de fucre dans du vin, pour les Coliques venteufes.

FENUGREC, (le) *le Sénégré*. Sa farine, en décoction.

FIGUIER, (le) *fauvage*. La poudre de fes feuilles defféchées, à la dofe d'un gros, mêlée avec un fcrupule de feuilles féches d'orme, dans du bouillon.

FRENE. (le) Sa graine, pour la néphrétique.

GENIEVRE. (le) Ses baies, on les fait macérer pendant une nuit dans du vin, & on donne la colature le matin à jeun, pour la Colique néphrétique. Il eft bon de demander avis dans ce cas, crainte de trop d'action de la part de ce remede.

L'eau diftillée de fes baies, tous les matins, à jeun, à la dofe de quatre ou fix onces.

GREMIL, (le) *l'herbe aux Poules*. Pour la Colique venteufe & néphrétique.

HARICOT. (le) L'infufion théiforme des gouffes féches.

**HOUX-FRELON**, (le) *le petit Houx*. Sa racine.

La décoction de ses feuilles, à la dose d'un verre le matin, à jeun, & continué pendant quelque tems.

**IMPÉRATOIRE**. (l') Demi-poignée de ses feuilles, infusée dans une pinte de vin, dans un vaisseau bien bouché, un petit verre le matin, à jeun, pour la Colique venteuse.

**LARME DE JOB**. (la) Pour la Colique venteuse & néphrétique.

**LAURIER**. (le) Ses feuilles, en guise de thé, au nombre de cinq ou six ; ou en poudre, à la dose de deux gros.

Ses baies, à la dose d'un gros, infusées dans quatre onces de bon vin, & deux gros d'écorce d'orange séche, bues avec un peu de sucre.

**LIN**. (le) L'huile qu'on en tire, à la dose de deux, trois ou quatre onces.

**LISERON**, (le) *le petit. Le Lizeret*. Sa décoction.

**MÉLILOT**, (le) *le Mirlilot*. Une poignée de ses fleurs bouillies légerement dans deux pintes d'eau, avec celles de camomille.

On trempe un morceau de drap dans les décoctions de ces plantes, & après l'avoir un peu exprimé, on l'applique sur le ven-

tre, dans la Colique venteuſe ; on renouvelle, d'heure en heure, & on met des
linges chauds ſur le tout.

MELISSE. (la) Son eau compoſée.

MEUM. (le) Sa racine, en poudre, en
ſubſtance, à la doſe d'un gros, dans un
verre de vin blanc.

En infuſion, à la doſe de deux gros, pour
la Colique venteuſe.

NIELLE. (la) Sa graine, avec les ſommités de camomille & de mélilot, en ptiſane, pour la Colique venteuſe.

NOYER. (le) Son ſuc, pour la néphrétique.

L'eau connue ſous le nom d'eau des trois
noix, depuis quatre juſqu'à ſix onces, pour
les Coliques venteuſes.

La membrane, ou tunique amere qui enveloppe immédiatement l'amande, à la doſe
d'un gros.

L'huile de noix, tirée ſans feu, mêlée
avec celle d'amandes-douces, à la doſe de
deux ou trois onces, pour les Coliques néphrétiques.

Un verre de bon vin roſé, dans lequel
on éteint à huit ou dix repriſes des noix
ſéches allumées, pour la Colique venteuſe.

Un lavement fait avec un quarteron d'huile de noix, un verre de vin, & un demi-
ſeptier d'eau de ſon, ou de décoction émol-
liente, pour la Colique venteuſe.

OIGNON. (l') Coupé par rouelles, &
infufé dans un demi-feptier de vin blanc,
pour la néphrétique.

OLIVIER. (l') L'huile vierge, tirée de
fon fruit.

ORANGER. (l') Cent vingt feuilles, ou
une once fix gros de fes feuilles ; les faire
cuir dans vingt onces d'eau de pluie, l'ef-
pace de deux ou trois heures, dans un vaif-
feau bien fermé; paffer la colature, y ajouter
dix onces de vin rouge, & du fucre, en
quantité fuffifante, pour rendre la boiffon
agréable. En prendre deux ou trois fois par
jour, à la dofe de trois ou quatre onces,
dans la Colique de Poitou.

Un gros de poudre d'écorce d'orange
amere, rapée dans un verre de vin d'Ef-
pagne, pour la colique venteufe, & celle
de l'eftomac.

OROBANCHE. (l') Séchée & pulvérifée,
pour la Colique venteufe, à la dofe, depuis
un fcrupule, jufqu'à un gros.

ORVALE. (l') Son eau diftillée, ou fa décoction.

PANICAULT, (le) *le Chardon Roland.*
Contre la néphrétique.

PAVOT. (le) Les têtes du blanc, dans les
lavemens, pour la néphrétique.

Son firop, appellé firop de diacode, ou
de pavot fimple, à la dofe d'une demi-

once, jufqu'à une once, mêlé avec parties égales d'huile d'amandes-douces.

PERSIL. (le) Sa femence.

PIN. (le) Ses pignons.
L'huile qu'on tire des pommes de cet arbre.

POIS, (les) *les Chiches*. Leur décoction, dans la phrénétique.

PRUNIER. (le) Sa gomme, & celle de fon fruit, prife intérieurement, en poudre ou en mucilage. On s'en fert rarement.

PUTIET, (le) *le Cerifier à grape*. Les amandes qui fe trouvent dans les noyaux de fon fruit.

RAISIN DE RENARD. (le) La plante, féchée & pulvérifée. Il faut en ufer à bien petite dofe, crainte d'accident mortel.

RENOUÉE, (la) *la Traineufe*. Dans la Colique néphrétique.

RHUE. (la) Son huile, par infufion; rien de meilleur, pour les Coliques humorales & venteufes. On la fait boire par cuille-rées; ou on la donne à la dofe de trois on-ces, en lavemens.
On l'applique encore en cataplafme fur le ventre.

SAUGE. (la)

SISON, (le) *l'Amome*.

THYM. (le) Pour la Colique venteuſe.

VELAR, (le) *la Tortelle*. Infuſée dans du vin, pour les Coliques qui proviennent d'une pituite viſqueuſe.

VERGE D'OR. (la) Pour la Colique néphrétique.

VÉRONIQUE. (la) La décoction de la plante. En uſer long tems.

Ou bien, la malade étant ſaignée ſuffiſamment, vous la baignez dans une décoction de véronique. Vous appliquez le marc de cette décoction ſur ſon bas-ventre. Vous lui donnez pour boiſſon ordinaire cette plante en infuſion; & vous lui faites prendre des lavemens avec la véronique bouillie dans du lait de vache, & du ſucre.

VIOLETTE. (la) Sa ſemence, dans la Colique néphrétique.

# DENTS.

*Plantes qui paſſent pour être propres pour les maux de Dents.*

ACCACIA. (l') Les Égyptiens ſe ſervent de la décoction de ſes fleurs, pour les fluxions des Dents & des gencives.

ACORUS, (l') ou *Calamus aromatique.*
Sa

Sa racine féchée, a été ordonnée le plus fouvent avec fuccès, dans les maux de Dents.

ANEMONE. (l') Ses racines, mâchées, maintiennent les Dents faines, & elles attirent auffi la falive.

ARGENTINE. (l') Si on la cuit dans du vinaigre, elle eft bonne pour raffermir les Dents, en refferrant les gencives.

ARRETE-BŒUF. (l') On fe fert extérieurement de fa décoction, pour l'enflure des gencives, & la douleur des Dents, qui vient d'une caufe fcorbutique.

BUIS. (le) Sa fcieure, bouillie dans le vin rouge, pour les maux de Dents, provenans de fluxions froides.

COQUERET, (le) *l'Alkekenge*. La fumée de fes baies, pilées avec de la cire, & jettées fur une platine de fer rougie au feu, a fait fortir une grande quantité de vers des Dents.

COUDRIER, (le) *le Noifettier*. L'huile qu'on tire de fon bois, par la diftillation, *per deffenfum*.

CRESSON DE FONTAINE. (le) Son fuc, mis dans l'oreille.

DENTELAIRE, (la) *l'Herbe aux cancers.* Sa racine.

FRENE. (le) Ses feuilles, fumées, avec partie égale de tabac, guériffent l'odentalgie.

B

GENIÉVRE. (le) Celui de la troisieme espece, qu'on nomme Cade, en Languedocien.

L'huile qu'on en tire; on en touche les Dents cariées, pour en procurer la chûte. Elle calme aussi la douleur des Dents; mais elle a bien mauvaise odeur.

GIROFLE. (le) L'huile distillée, *per des-sensum.*

HERNIOLE, (l') ou *Turquette.* Sa décoction, on la fait tiédir, & on s'en lave la bouche.

LAURIER. (le) Ses feuilles, en gargarisme.

LIERRE. (le) Ses feuilles, en décoction.

MARJOLAINE. (la) L'huile qu'on en tire.

MOURON-ROUGE. (le) Son suc, en gargarisme, pour calmer les douleurs des Dents.

NAVET. (le) Cuit sous la braise, & appliqué sur les oreilles.

OIGNON. (l') Le cœur d'un oignon blanc, cuit sous la cendre, & appliqué chaud, sur une Dent gâtée, appaise allez souvent la douleur.

ORIGAN. (l') Son huile essentielle.

PARIÉTAIRE. (la) Sa feuille, pilée, & mise dans le conduit de l'oreille.

PEUPLIER-BLANC. (le) Le suc de ses feuilles; on le seringle chaud dans l'oreille.

POURPIER. (le) Pour la douleur des Dents agacées.

PTARMIQUE, (la) *la Pyrethre.* Sa racine, mâchée.

QUINTEFEUILLE. (la) Sa décoction, réduite à la consomption d'un tiers, & tenue dans la bouche, appaise la douleur des Dents.

SAUGE. (la) Son infusion, dans le vin, est souveraine; on y ajoute deux gros de bon tabac.

SOUCY SAUVAGE. (le) Sa poudre, appliquée avec du coton.

STAPHYSAIGRE, (le) *l'Herbe aux poux.* On l'enferme dans un nouet, qu'on tient à la bouche, pour dégorger les glandes salivaires. Cela peut procurer du soulagement dans la douleur des Dents.

TACAMAHACA, (la) ou *Gomme tacamaque.* Elle soulage dans les maux de Dents, mise derriere les oreilles, ou sur les tempes, même dans le creux de la Dent gâtée, pour préserver le reste de la corruption.

TORMENTILLE. (la) Sa racine. On prétend que le gargarisme, fait avec sa décoction, soulage beaucoup dans le mal de Dents.

# DYSSENTERIE.

*Plantes Anti-Dyssenteriques, qui paſ-
ſent pour étre propres dans la Dyſſenterie.*

ACORUS, (l') ou *Calamus aromatique.*
Sa racine, priſe en poudre, à plus petite doſe
qu'une dragme.

AIGREMOINE. (l') La plante, en décoction.

ALISIER. (l') Son fruit.

AMANDIER. (l') La gomme de cet arbre, priſe en diſſolution, dans une décoction aſtringente, pour adoucir les tranchées
de la Dyſſenterie.
L'huile, qu'on tire ſans le ſecours du feu,
par expreſſions des amandes-douces.

BALAUSTIER, (le) ou *Grenadier.* L'é-
corce de ſon fruit, connue dans les Boutiques, ſous le nom de Malicorium. Ses pepins
& ſon ſuc.

BAUME DE COPAHU. (le) Douze à
quinze gouttes dans un œuf frais, ou en
bol, avec un peu de ſucre ; ou au double en
lavement.

BEC DE GRUE, (le) ou *la Geraine.*
Toutes les especes s'emploient en décoction.

BELLADONA, (la) *le Bouton noir.* Quoi-
que ses baies soient dangereuses, & même
mortelles, on dit que leur suc exprimé, &
réduit à la consistance de sirop, avec un
peu de sucre, est efficace, à la dose d'une
petite cuillerée, pour faire cesser les Dys-
senteries. Il faut user, avec bien de la prudence, de ce remede, qui doit toujours être
bien à craindre.

BENOITE, (la) ou *l'Herbe Saint-Benoît.*
L'extrait de sa racine.

BERLE, (la) Son suc, par préférence à
sa décoction.

BISTORTE. (la) Sa racine.

BOUILLON-BLANC, (le) ou *la Molene.*
La décoction de ses feuilles & de ses fleurs,
dans de l'eau de forge des Maréchaux.

La même décoction, de ses feuilles & de
ses fleurs, avec le lait, pour calmer le tenes-
me qui succéde à la Dyssenterie, si on en
donne des lavemens, & si on en fait des
fomentations sur le ventre.

BOURSE A PASTEUR, (la) *le Tabouret.* La plante, bouillie, & infusée dans
de l'eau, ou du vin rouge, à la dose d'une
poignée; ou son suc clarifié, à la dose de

quatre ou six onces ; ou les feuilles féches en poudre, à la dose d'un gros.

On la fait entrer aussi dans les lavemens.

BUGLE , (la) *la Consoude moyenne.* Ses feuilles & ses fleurs.

BUGLOSSE. (la) Celle de la sixieme espece.

CANIRAM, (le) *grand arbre du Malabar.* Sa racine & son écorce.

CHATAIGNER. (le) La petite peau qui est sous l'écorce de son fruit.

CHÊNE. (le) L'écorce, les feuilles & l'aubier, en décoction. Les glands, pulvérisés, ou leur cupule, après avoir été rôtis ; à la dose d'un gros, ou un gros & demi, dans du lait bouilli.

CHERVIS, (le) *le Chirouis.* Sa racine.

CONSOUDE, (la) *grande.* Sa racine.

CONYSE, (la) *l'Herbe aux puces.*

CORNE DE CERF. (la)

COTONNIER, (le) *arbrisseau étranger.* Sa graine.

CYNOGLOSSE VULGAIRE. (la) Sa racine & ses feuilles.

DENT DE LYON, (la) *le Pissenlit.* La plante bouillie avec des lentilles.

ÉPINE VINETTE. (l') Son fruit.

FENUGREC, (le) *le Senegré.* Sa farine, en décoction.

FILIPENDULE. (la) Sa racine, en poudre.

GRATIOLE, (la) *l'Herbe à pauvre homme.* Sa racine, au poids d'un demi-gros, & même d'un gros, pourvu que la maladie ne soit pas invétérée.

HERBE A COTON. (l')

IGBUCAMICI, (l') *arbre de l'Amérique Méridionale.* La graine de son fruit passe pour un remede certain, contre la Dyssenterie.

IRIS, (l') de la deuxieme espece. Ses racines.

LADANUM, (le) ou *Labdanum.* Cette gomme est utile dans la Dyssenterie, prise en bol, avec la gelée de coin, & le corail, en poudre; à la dose d'un demi-gros, jusqu'à un gros.

LENTISQUE. (la) Son bois.

LIERRE. (le) Sa fleur.

LIN. (le) Sa graine bouillie légérement, dans les décoctions & ptisanes.

MILLE-PERTUIS. (le) Son huile, à la dose d'une demi-once, ou d'une once, prise intérieurement.

MUSCADE. (la) Le marc des amandes, pilées & pressées, à la dose d'un demi-gros.

NÉNUFAR. (le) Sa racine féche, avalée dans du vin.

NOYER. (le) La poudre des chatons de noix, depuis un demi-gros, jufqu'à un gros.

OSEILLE. (l') Sa femence.

PANIS, (le) *le Panic.* Le pain fait avec fa graine.

PAVOT-BLANC. (le) Dans les lavemens. Le firop qu'on en tire, nommé de Diacode, ou firop de pavot fimple, depuis demi-once, jufqu'à une once, avec partie égale d'huile d'amandes-douces.

PERSICAIRE. (la) Sa décoction, en lavement.

PERVENCHE. (la)

PIÉ DE CHAT, (le) *le Pié chatier.*

PILOSELLE. (la) Sa décoction, & fa ptifane.

PIMPRENELLE. (la) Son fuc.

PLANTAIN. (le) Son eau diftillée.

PULICAIRE, (le) *l'Herbe aux puces.* Sa femence; le mucilage qu'on en tire, avec l'eau-rofe, de pourpier, ou de plantain.

QUINTE-FEUILLE. (la) Une once, dans trois chopines d'eau, en décoction, réduites à une pinte, environ.

RAPONTIC. (le) Sa racine.

REINE DES PRÉS, (la) *l'Ormiere.* Le vin, où on a fait bouillir sa racine.

RENOUÉE, (la) *la Trainasse.* Le suc la ptisane, ou l'infusion dans du vin.

RHUBARBE. (la)

RIS. ( le ) Cuit dans le lait de vache ; dans lequel on éteint des cailloux ardens.

ROSIER. (le) Le bédéguar (qui est une espece d'éponge, attachée à la tige de cet arbrisseau, ) en poudre, infusée dans un verre de vin, du soir au matin, passée en-suite, & prise à jeun. On purge le lende-main avec la rhubarbe.

ROUCOU. (le) On s'en sert dans les ju-leps, pour arrêter la Dyssenterie.

SALICAIRE. (la)

SANICLE. (la) Ses feuilles, dans les pti-sanes, aposêmes, & potions.
Le suc de ces mêmes feuilles, à la dose de deux ou trois onces.

SANG DE DRAGON. (le) En poudre, depuis un scrupule, jusqu'à une dragme.

SAULE. (le) Son écorce, ses feuilles, & ses semences.

SUREAU. (le) Ses baies, &c.

TALICTRON, (le) des boutiques. Sa femence. On la donne écrasée, avec la poin-te d'un couteau, depuis demi-gros, jusqu'à un gros, dans du vin rouge, ou dans un potage, s'il n'y a pas de fievre.

TORMENTILLE. (la) Son extrait.

TREFLE, (le) *petit des champs.* On en met une poignée fur trois chopines d'eau, qu'on réduit à une pinte, & on en ufe pour boiffon ordinaire.

VERGE D'OR. (la)

VÉRONIQUE. (la) Des lavemens de la plante, dans du lait de vache, & du fucre.

VIGNE. (la) Le fuc de fes bourgeons, & de fes feuilles.

La poudre de fes feuilles fraîches, féchées à l'ombre, à la dofe d'un gros, dans du bouillon.

# ÉPILEPSIE.

*Plantes Anti-Épileptiques, qui paffent pour être propres dans l'Epilepfie, ainfi que dans la Folie.*

ANGÉLIQUE, (l') *la fauvage.*

ARMOISE, (l') *l'Herbe de Saint-Jean.* Ses racines, qu'on trouve en forme de charbon. La dofe eft d'un gros, dans quelque liqueur appropriée.

BERCE, (la) *la Branche ursine*. Ses semences, ses racines.

BUGLOSSE. (la)

BUIS. (le)

BULBONAC. (le) Sa semence, à la dose d'un gros en poudre, dans de l'eau de tilleul.

CAILLE-LAIT, (le) jaune. *Le petit Muguet*. Une cuillerée du suc tiré de ses fleurs. En poudre, à la dose d'un gros. En décoction, une poignée, dans une pinte d'eau.

CAROTTE, (la) sauvage. Sa racine, les pieds de cette plante, qui ont la fleur rouge, dans lombel.

CONYSE, (la) *l'Herbe aux puces*. Ses feuilles, prises intérieurement, avec du vinaigre.

COUDRIER, (le) *le Noisettier*. Le gui, qui se trouve sur cet arbrisseau, & sur ses chatons, à la dose d'un scrupule, & même d'un demi-gros en poudre ; mais il faut faire vomir le malade auparavant.

Aussi, l'huile qu'on tire de son bois, par la distillation, *per deffenfum*.

COULEUVRÉE, (la) *la Bryone*. Toutes ses parties.

CRESSON, (le) des prés. Ses fleurs.

DIGITALE, (la) *les Gands de Notre-Dame*. Son herbe, à la dose de deux poignées, avec quatre onces de polypode de chêne, bouilli dans de la bierre. Il faut être fort robuste, pour user de ce remede.

ELLEBORE, (l') blanc. Sa racine. On ne doit user de cette plante intérieurement, que dans des cas désespérés.

ELLEBORE, (l') noir. Sa racine. Il faut être fort pour en user.

ENDORMIE. (l') Son extrait, mais avec bien des précautions; l'usage de cette plante, pouvant être dangereux.

FENOUIL, (le) *de la troisieme espece.* Ses semences, & ses racines.

FILIPENDULE. (la) Sa racine. Ses tubercules séchées, & réduites en poudre, à la dose d'un gros, &c.

FRAXINELLE. (la) Ses fleurs, & ses feuilles, en infusion théiforme.

GUI. (le) Son bois, principalement de celui qui croît sur le chêne.

IMPÉRATOIRE. (l') Demi-poignée de ses feuilles, infusées dans une pinte de vin, dans un vaisseau bien bouché, pour les enfans dans l'Épilepsie, un petit verre le matin à jeun.

LAVANDE. (la) L'huile essentielle qu'on en tire, à la dose de huit à dix gouttes, dans une liqueur appropriée.

LICHNIS, (le) *la Lichnide*. La plante de la onzieme efpece, appellée la Saponaire.

Sa femence, à la dofe d'un gros.

LILAC. (le) Sa femence, en poudre, en décoction; mais on s'en fert rarement.

MARJOLAINE. (la) Pulvérifée, & incorporée avec la marmelade d'abricots, ou la conferve de fleurs d'orange.

MÉLISSE. (la) Ses feuilles féches, ou même fraîches, infufées en guife de thé, pour le mal caduc.

Son eau, compofée, pour l'Épilepfie.

MERISIER. (le) Son fruit.

MILLE-PERTUIS. (le) Ses fleurs, & le vinaigre diftillé, pour la Folie.

MOURON, (le) *le rouge & le bleu*. La teinture de leurs fleurs, affociées avec la teinture de fleur de mille-pertuis.

MUGUET. (le) Ses fleurs.

L'efprit, tiré de fes fleurs, par leur infufion dans de l'eau-de-vie, ou l'efprit de vin, pour l'Épilepfie des enfans; on en oint l'épine du dos.

ORANGER. (l') Ses feuilles, en infufion théiforme.

ORVAL, (l') *la Toute-bonne*.

PIVOINE. (la)

RAISIN DE RENARD. (le) La poudre de fes baies, à la dofe d'un fcrupule, ou d'un demi-gros, délayée dans de l'eau de tilleul. Il faut bien prendre garde à la dofe. Trop forte, il y auroit danger de mort.

REINE DES PRÉS, (la) *l'Ormiere.*

RHUE. (la) On a ordonné quelquefois une once de fon fuc, avec demi-once de miel fcillitique.

On a fait froiffer cette herbe, & on l'a introduite dans les narines des Épileptiques, au moment de l'accès.

Sa poudre, prife jufqu'à deux gros, dans la vieille bierre, pendant un tems confidérable, guérit l'Épilepfie.

Son fuc fait le même effet.

Ses feuilles, expofées à l'air, pendant la nuit, & pilées le lendemain. On en fait prendre le matin, pendant trois jours, le fuc, à la dofe d'une once, dans quatre onces d'eau diftillée de tilleul.

ROMARIN. (le)

ROSIER. (le) Les petits vers qu'on trouve pendant l'automne & l'hiver, dans le bédéguar de cet arbre, qui eft une efpece d'éponge, attachée à fa tige, &c.

ROSSOLIS, (le) *la Rofée du Soleil.* L'infufion de fes feuilles.

RUBEOLE, (la) *le Muguet des bois.* Ses fleurs confites.

STACHIQUE. (la) On s'en fert rarement.

TABAC. (le) Le firop qu'on fait avec

TANAISIE. (la) La conserve de ses fleurs.

TILLEUL. (le)

VALERIANE, (la) *la grande, & celle des haies.* Sa poudre, & sa racine : excellent remede.

*Animaux dont on se sert aussi pour remédier à l'Épilepsie.*

ŒNAS, (l') *espece de pigeon sauvage.* On prétend sa chair bonne pour l'Épilepsie.

YN, (l') *petit oiseau, un peu plus gros que le pinçon.* On en fait manger pour l'Épilepsie.

# ESTOMAC.

*Plantes Stomacales : Stomachiques, qui passent pour être propres à l'Estomac.*

ABSINTHE. (l')

ACORUS, (l') ou *Calamus aromatique.* On prescrit, dit-on, sa racine, lorsqu'il s'agit de fortifier l'estomac.

AIL. (l') Il réchauffe l'estomac.

AMBROISIE. (l')

AMMI. (l') Sa femence, à la dofe d'un gros.

ANGÉLIQUE. (l')

ANIS. (l') Sa graine convient aux eftomacs froids, & humides.

AUNÉE. (l') *Lenula Campana.* Sa racine eft très-amie de l'eftomac. Elle atténue, divife, & en chaffe par les felles, la fablure vifqueufe.

BENOITE. (la) L'*Herbe S. Benoît.* Sa décoction, à la dofe d'une poignée, dans un demi-feptier de vin, eft ftomachique.

Un vin ftomachique très-vanté, eft celui dans lequel on fait infufer la racine de Benoîte, celle d'ænula campana, les feuilles de fraifier, de pimprenelle, & de reine-desbois, en y ajoutant les fleurs de cette derniere.

BOIS D'ALOËS. (le)

BON DUC. (le) Ses baies pour les maux d'eftomac.

CAJOU. Pomme du Bréfil, dont on vante les vertus ftomachiques.

CALAMENT. (le)

CANELLE. (la)

CAROTTE SAUVAGE. (la)

CASSIS. (le) Quelques-uns le croient très-douteux, d'autres, même nuifible.

CITRONNIER. (le) Sa Semence. L'écorce de son fruit.

COIGNASSIER. (le) Son fruit crud.

COQ. (le) L'*Herbe au Coq*. L'herbe, les sommités & les semences.

CORIANDRE (la) Sa graine.

CRESSON DE FONTAINE. (le)

ÉCORCE D'ENCENS. (l') Drogue qui vient du Levant. Pour les foiblesses d'estomac.

ÉPINARDS. (les) L'eau distillée des feuilles, pour appaiser les ardeurs d'un estomac irrité par une bile enflammée.

ÉPINE-VINETTE. (l') Son fruit.

FENOUIL. (le)

FRAMBOISIER. (le) Son fruit.

FRÊNE. (le) Ses feuilles en guise de thé.

FUMETERRE. ( la ) Bouillie légérement dans le petit-lait.

GENIÉVRE. (le) Ses baies pour les estomacs froids.

GENTIANE. (la) *la grande Gentiane jaune*. Sa racine.
Celle aussi qu'on nomme Croisette.

IMPÉRATOIRE. (l') Sa racine en décoction, à la dose d'une once. Ou en poudre, à la dose d'un gros.

LAVANDE. (la) Quatre ou cinq gouttes de l'huile essentielle qu'on en tire prises à jeun.

LAURIER. (le) Ses feuilles en guise de thé, au nombre de cinq à six. On en prend à la dose de deux gros, pour rétablir l'estomac.

LAURIER-CERISE. (le) Ses feuilles distillées, avec l'eau-de-vie ; à observer, que si la distillation est chargée, ou la dose est forte, cette liqueur devient un poison violent.

LENTISQUE. (le) Le mastic, qui est sa résine.

MARJOLAINE. (la)

MARUM. (le) *la Germandrée aquatique.* En poudre, à la dose d'un gros.

MOUTARDE. (la) *le Sénevé.* Sa graine.

MURIER NOIR. (le) Le vinaigre fait avec son fruit.

MUSCADE. (la)

NARD CELTIQUE. (le) Sa racine.

NOYER. (le) L'eau connue sous le nom d'eau des trois noix.

ORANGER. (l') L'eau qu'on tire de son fruit, par la distillation.

ORIGAN. (l')

POLE. (le) *Grand arbre du Malabar.* Son écorce broyée, avec du fel & du poivre, fortifie l'eftomac.

PASSE-RAGE. (la)

PATIENCE. (la) Sa racine.

POURPIER DE MER. (le)

PUTIEL. (le) *Le Cerifier à grappe.* Ses feuilles.

RAPONTIC. (le) Sa racine.

RAPONTIC DES ALPES. (le)

SAFRAN. (le) En général, il feroit dangereux d'en ufer à dofe trop forte.

SANTOLINE. (la) Sa racine.

SARRIETTE. (la)

SERPOLET. (le)

TANAISIE. (la).

TOQUE. (la) La *Centaurée blanche.* Ses fleurs, à la dofe de deux pincées.

VALERIANE. (la)

VIGNE. (la) Le vin.

# FIEVRE.

*Plantes Fébrifuges qui paſſent pour être propres dans les Fievres.*

ABRICOTIER. (l') Les amandes des noyaux de ſon fruit en émulſions, paſſent pour être ſalutaires dans les fievres.

ABSINTHE. (l') Son extrait mêlé avec le quinquina, pour les fievres intermittentes.

Son ſel, avec les coquilles d'œufs en poudre, & les yeux d'écreviſſes préparés, de chacun huit grains pour une priſe, tous les trois ou quatre heures.

ACHE. (l') Un gros d'extrait de ſes feuilles, mêlé avec deux gros de quinquina; rien n'eſt meilleur, dit-on, dans la fievre quarte, & toutes celles qui proviennent d'obſtructions dans les viſceres.

ALLELUIA. (l') On emploie ſes feuilles par poignées, dans les tiſanes & bouillons des malades attaqués de fievres malignes & ardentes, ſuivies de délire, & dont le cerveau eſt menacé d'inflammation.

AMANDIER. (l') La crême d'amandes, connue ſous le nom d'Emulſion, dans les fiévres ardentes, même dans les plus aiguës.

ANGÉLIQUE. (l') La décoction de la racine de cette plante prife par verrées, a, dit-on, fouvent réufli dans les fievres pourprées.

ANTHORE. (l') Sa racine paffe pour avoir été prefcrite avec le plus heureux fuccès, dans les fievres malignes provenant de matieres vifqueufes, contenues dans l'eftomac & les inteftins.

Plufieurs le recommandent auffi dans le pourpre.

ARGENTINE. (l') Toute la plante fe donne avec fuccès, depuis quatre onces jufqu'à fix, dans les fievres intermittentes.

On la prefcrit encore pour la même fin, à la dofe d'une poignée, dans un bouillon de veau, à prendre deux fois par jour.

Son fel produit auffi le même effet.

ARISTOLOCHE. (l') Celle de la troifieme efpece dite *la Clématite.* Dans les fievres intermittentes.

AZAZIMIT. (l') Efpece de *terre fcellée*, qui vient à la côte de Malabar.

Elle paffe pour un fpécifique contre la fievre.

BALAUSTRIER, (le) ou *Grenadier.* Le fuc des grenades pour précipiter la bile, & pour appaifer l'ardeur de la foif dans les fievres intermittentes.

BARDANE. (la) Plusieurs Paysans ont été guéris de la fievre par la simple tisane de cette plante.

On préfére, dans la Pharmacie, ses feuilles à celles de scorsonere, pour les fievres malignes.

BENOITE, (la) ou l'*Herbe S. Benoît.* Sa décoction, à la dose d'une poignée, dans un demi-septier de vin, au commencement des fievres intermittentes. Il survient une sueur abondante, & la fievre est guérie plus promptement.

BETOINE. (la) Quelques-uns estiment sa décoction, & celle de pouliot, dans les fievres.

BORGÈNE, (le) ou l'*Aune noir.* Les gens de campagne usent de son écorce dans les fievres intermittentes, & souvent avec succès, parce que ce remede les purge violemment, tant par la bouche que par les selles. Il faut néanmoins ne se servir de ce purgatif, qu'avec beaucoup de précaution.

BOURSE-A-PASTEUR, (la) ou *le Tabouret.* On assure qu'elle est fébrifuge.

BRUNELLE. (la) La *petite Confoude.*

CABARET. (le) Pour les fievres lentes & rébelles, lesquelles naissent pour l'ordinaire, d'obstructions invétérées, dans les visceres.

Les racines, les feuilles & les fruits pilés, & appliqués sur le poignet, guérissent quelquefois les fievres intermittentes, pourvu que ce soit au commencement de l'accès qu'on les applique.

CAMOMILLE. (la)

CHAMARAS. (le) *Le Scordium.*

CHARAMEIS. (le) Arbre de Canada. Ses feuilles & ses racines sont employées contre les fiévres.

CHARDON-BÉNIT. (le) Ses graines, &c.

CHARDON-MARIE. (le) Son suc.

CHAUSSE - TRAPE. (la) *le Chardon étoilé.* Le suc de ses feuilles.

CHÊNE DU LEVANT. (le) Sa noix, dite *Noix de galle.*

CHICORÉE, (la) sur-tout la sauvage.

CITRONNIER. (le) Le suc de son fruit, contre les fievres malignes, & pestilentielles.

COLCHIQUE. (le) On a fait manger dans la fievre intermittente, trois ou quatre de ses fleurs, souvent avec succès. On en a cependant vu quelquefois des effets funestes.

CONIRAM. (le) Grand arbre du Malabar. Sa racine & son écorce contre les fievres.

CONYSE. (la) L'*Herbe aux Puces.* L'onction de ses feuilles incorporée avec de l'huile, empêche les frissons & tremblemens qui précédent l'accès des fievres.

COPALKOCATI. (le) *Arbre de la nouvelle Espagne.*
Son fruit est vanté pour la fievre.

COQUE-LOURDE. (la) *la Passe-Fleur.*
Son eau distillée à la dose de trois onces.
DENT DE LYON. (la) *le Pissenlit.*

DOMPTE VENIN. (le) Sa racine en décoction pour les fievres malignes.

DORONIC D'ALLEMAGNE. (le) *L'Arnica.* L'herbe, les feuilles, pour les fievres quartes opiniâtres. Il faut en user avec précaution.

ELLEBORE NOIR. (l') Sa racine pour la fievre quarte. Il faut être fort & robuste pour en user.

ÉPINE-VINETTE. (l') Son fruit contre l'ardeur de la fievre.

FENOUIL, (le) Son suc pris à jeun, guérit les fiévres intermittentes.
La décoction de sa racine dans les fievres malignes, depuis deux onces jusqu'à quatre.

FIGUIER. (le) Son fruit en lavement, avec le lait, pour les fievres vermineuses.

FRÉNE. (le) Ses feuilles, son écorce, son bois & ses semences en décoction, pour les fievres intermittentes.

GENTIANE,

**GENTIANE.** (la) *la grande Gentiane jaune.*

Un gros de fa poudre, ou de fon extrait, donné plufieurs fois. Mais ce remede convient plutôt aux perfonnes d'un tempérament humide qu'aux perfonnes maigres & féches.

De cette même forte de plante, celle qu'on nomme *Croifette.* Sa racine, au poids de deux onces, la mettre en poudre, la faire cuire dans un peu de vin rouge. On en fait un firop, dont on donne une cuillerée de demi heure en demi-heure.

**GERMANDRÉE.** (la) *le Calamandrier,* l'*Herbe des Fievres.*

Pour les Fievres intermittentes, en prendre en infufion, en décoction, &. en extrait.

On la méle auffi avec la petite centaurée, en infufion dans le vin blanc.

**ILLÉCÉBRA.** (l') *la petite Joubarbe.*

Dans les Fievres intermittentes & continues, lorfqu'il s'agit d'évacuer par le vomiffement, pour procurer la guérifon.

Son fuc, à la dofe de deux onces, dans du lait, ou de la bierre, pour guérir la Fievre-quarte. Il faut, pour ufer de ce remede, qu'il n'y ait point de chaleur ; car alors il feroit dangereux. On ne doit s'en fervir qu'avec prudence.

**KARMATA.** (le) Efpece d'*Ananas,* qui croît dans l'Amérique Méridionale.

Il eft bon pour la Fievre.

C

IMPÉRATOIRE. (l') Sa racine, avec le quinquina.

JOUBARBE. (la) *la grande Joubarbe, l'Artichaut sauvage.*

Le suc de ses feuilles à la dose de quatre onces, dans les Fievres intermittentes, qui n'ont point de froid marqué.

Ses feuilles mondées de leur peau, & macérées dans de l'eau, dans les Fievres - ardentes.

Son suc mêlé avec un bouillon aux écrevisses & aux tortues, pour les Fievres-lentes.

La plante pilée & appliquée en cataplasme au front, calme les délires qui accompagnent les Fievres ardentes.

LENTILLE. (la) Sa décoction, à la dose de quatre onces, avec deux onces de vin blanc, bue chaudement, au commencement de la chaleur qui suit le frisson : on en use une couple de fois, pour la Fievre intermittente.

LIN CATARTIQUE. (le)

MARONIER D'INDE. (le) Son fruit en poudre dans les Fievres intermittentes, en guise de quinquina.

MATRICAIRE. (la)

MENIANTHE. (le) *le Trefle d'eau.*

MEUM. (le) Sa racine en poudre, dans les accès de Fievres, accompagnés de frissons.

MOUTARDE. (la) *le Senevé*. Sa Semence dans du vin blanc, deux heures avant le
redoublement, pour la Fievre-quarte.

NAVET. (le) Sa femence dans les Fievres-
malignes & éruptives.

NÉNUFAR. (le) Ses racines & fes fleurs
pour les Fievres-ardentes.

NIELLE. (la) Sa femence féche; fraîche,
elle eft très-nuifible.

NOYER. (le) La poudre des chatons des
noix. Les gens de campagne s'en fervent pour
détruire les Fiévres.

L'eau connue fous le nom d'*Eau des trois
Noix*, à la dofe, depuis quatre, jufqu'à fix
onces, dans les Fievres-malignes.

ŒILLET. (l') Sa conferve, qu'on ordonne
fous le nom de Tunica, depuis demi-once,
jufqu'à une once & demie, pour les Fievres-malignes.

ORANGER. (l') L'eau qu'on tire de fon
fruit par la diftillation, à la dofe de fix
onces, dans les Fievres-peftilentielles, &c.

Si on mange une orange douce, toute
entiere, avec l'écorce, avant l'accès de la
Fievre-intermittente, & furtout de la Fievre-tierce, elle arrête fouvent l'accès, &
guérit quelquefois la Fievre.

ORTIE. (l') Sa ptifane, dans les Fievres
malignes.

ORVALE. (l') *la Toute-bonne.* Contre les Fievres-tierces.

OSEILLE. (l') Ses feuilles, dans les Fievres bilieufes.

PÉTASITE. (la) Sa racine, pour les Fievres-malignes.

PILOSELLE. (la) La plante, infufée pendant vingt-quatre heures dans du vin blanc : remede éprouvé contre la Fievre-tierce ; un demi-gobelet avant l'accès.

PIMPRENELLE. (la) Pour les Fievres-peftilentielles & contagieufes.

PLANTIN. (le) Son fuc, depuis deux onces, jufqu'à quatre onces, au commencement des Fiévres-intermittentes.

POLIPODE. (le) Sa décoction, faite avec le vin ; on y ajoute un peu de miel, & du fucre, pour la Fievre-quarte.

PUTIOT. (le) *le Cerifier à grappes.* Dans les Fievres-intermittentes.

QUINQUINA. (le)

QUINTE-FEUILLE. (la) Sa feuille.

Sa racine, mife en poudre, prife avant l'accès.

RAIFORT. (le) *la Rave.* Sa racine, écrafée, & appliquée fous la plante des pieds, pour les Fievres-malignes.

REINE DES PRÉS. (la) *l'Ormiere.*

RENOUÉE. (la) *la Trainaſſe*. Son ſuc, pris une heure avant l'accès, dans les Fievres-intermittentes.

ROMARIN. (le) Quatre ou cinq gouttes de ſon eſſence, priſes dans une liqueur approprié, enlevent ſouvent les Fievres-tierces.

ROUCOU. (le) Appaiſe l'ardeur de la Fievre.

SANTOLINE. (la) Sa racine.

SANZENEVAVE, & SANZENELAHE. (les) Deux bois différens de Madagaſcar, qui paſſent pour fébrifuges.

SAUGE, (la) *ſauvage*. Pour la Fievre-tierce.

SAULE. (le) On fait des demi-bains, & des laves-pieds avec la décoction de ſes feuilles & de ſes chatons, pour appaiſer les tranſports des Fievres ardentes.

M. Stenon, Anglois, a découvert depuis peu, dans ſon écorce, une vertu fébrifuge, digne d'être miſe en parallele avec le quinquina.

SOUCY, (le) *ſauvage*. Pour les Fievres-malignes & intermittentes.

STACHIQUE. (la) *le Stachiſe de la deuxieme eſpece*. Pour la Fievre-tierce intermittente.

SUREAU. (le) Le rob, qui se fait avec ses baies.

TALICTRON, (le) *des Boutiques*. Sa semence, pour les Fievres tierces & quartes, & même continues. On la donne dans des jours de crises, dans un œuf cuit molet, sans sel, deux heures avant l'accès, & seulement deux heures après avoir bu & mangé, &c.

TANAISIE. (la) Le suc de ses feuilles, à la dose de deux gros, avec l'eau de plantin, dans les Fievres-intermittentes.

Trois ou quatre onces de son suc, ou plusieurs verres de son infusion théiforme, pour les Fievres-malignes.

TITYMALE, (la) *de la deuxieme espece*, appellée l'Ésule.

Son écorce, macérée fraîche encore, pendant vingt-quatre heures dans du fort vinaigre, ou dans du suc de coing, ou de limon, ou d'épine vinette, séchée ensuite, à la dose, depuis un scrupule, jusqu'à un gros en poudre, dans les Fievres-quartes & intermittentes. Ce remede ne convient, ni aux gens delicats, ni à ceux qui sont échauffés.

Celle *de la quatrieme espece*, appellée feuilles d'Amandier.

Sa semence, délayée dans un bouillon, prise trois jours de suite, pour les Fievres. Il ne faut pas avoir un tempérament foible pour en ufer. La dofe eft d'un demi-gros, ou un gros, pour chaque prife.

TORMENTILLE. (la) Son extrait, dans les Fievres-malignes, accompagnées de dévoiement.

TUSILAGE. (le) *le pas d'Ane.* Son fuc, pour la Fievre-quarte, pris tous les jours, à la dofe de trois ou quatre onces, le matin à jeun.

VALERIANE (la) *des haies.* Sa poudre, prife fouvent, & mêlée avec de la fleur de foufre, pour la Fievre-tierce.

Son infufion chaude, dans les Fievres-malignes, avec de la poudre de foufre.

VÉRONIQUE. (la) Dans les Fievres-malignes.

Pour les Fiévres-intermittentes, on fait boire un grand verre de fa ptifane, à l'entrée de l'accès, ou trois cuillerées de fon jus.

VERVEINE. (la) Son fuc, ou fon extrait, modére les accès des Fievres-intermittentes, & les guérit quelquefois.

On fait prendre un gros de cet extrait deux fois le jour, avant le friffon, & fur le déclin de la Fievre, dans les jours d'accès ; & dans les jours d'intermiffions, le matin & l'après-midi.

Le fuc de la plante fe donne depuis deux onces jufqu'à quatre, dans les Fievres qui ne font précédées d'aucun accès.

Ce suc, mêlé avec le quinquina, le rend plus capable de réussir.

VIGNE. (la) Le vin rouge, de trois feuilles au moins, est très-bon dans les Fievres-putrides, pourvu qu'on en prenne modérément.

# F O I E.

*Plantes Hépatiques qui passent pour être propres dans les maladies du Foie.*

ABSINTHE. (l') Passe pour déboucher la Rate & le Foie.

ACORUS. (l') *ou Calamus aromatique.* Sa racine séche, contre les obstructions de la Rate.

AGARIC. (l') Celui qui naît sur le tronc du *mélese.* En infusion, dans l'eau, depuis deux dragmes, jusqu'à demi-once. En substance, depuis demi-gros jusqu'à deux.

AGRIPAUME. (l') ou *la Cordiale.* Sa décoction, ou sa poudre séche, mêlée avec du sucre.

AIGREMOINE. (l') Dans les inflammations du Foie, & de la Rate.

On assure que son infusion seule, prise deux mois de suite à jeun, secondée d'une emplâtre de ciguë, appliqué extérieurement, a dissipé des duretés assez sensibles dans le Foie.

ALLÉLUIA. (l') Pour les maladies du Foie & des Reins.

AMANDIER. (l') Les amandes ameres emportent, dit-on, les obstructions du Foie, de la Rate, & du Mesentere.

BALAUSTRIER. (le) *ou Grenadier.* On assure que le vin préparé avec les grenades douces, est un remede hépatique, très-propre à fortifier.

BÉNOITE. (la) ou *l'Herbe Saint-Bénoît.* Sa décoction, dans un demi septier de vin, à la dose d'une poignée.

BERCE. (la) ou *Branche ursine.* Ses racines & sa semence passent pour être propres aux maladies du Foie.

BLUET. (le) On attribue à sa décoction dans de la bierre, une vertu hépatique.

BOUTON D'ARGENT. (le)

CALAMENT. (le)

CAPILLAIRE. (le)

CHÉLIDOINE. (la) *l'Éclaire.*

COSTUS. (le) *Arabique.* A la dose de demi-gros en substance; & en poudre, au double en infusion.

BRYONE. (la) Toute la plante.

CROISETTE. (la) *la Croifée*. En fomentation, pour le fquirrhe du Foie.

CUSCUTE. (la)

DENT DE LYON. (la) *le Piffenlit*.

ÉPINARDS. (les) Les feuilles appliquées à l'extérieur fur le ventre, & la région du Foie, en diffipent l'inflammation & la douleur.

EUPATOIRE. (l')

FUMETERRE. (la)

GENET. (le) Le firop de fes fleurs, ou leur infufion dans de l'eau commune, qu'on mêle avec des fommités de menthe & de farriette, à la dofe, depuis une once jufqu'à deux.

GIROUILLE. (la) *l'Hériffonnée*. Sa racine, prife intérieurement, ou appliquée extérieurement.

GRATTERON. (le)

GUEDE. (la)

HÉPATIQUE. (l')

HOUBLON. (le) Ses pouffes.

LAURIER. (le) Ses baies ; fur-tout celles qui viennent des pays chauds.

LICHEN. (le) *de la deuxieme efpece. L'Épatique de fontaine*. A la dofe d'une poignée.

MAROCHEMIN. (le) *le Marrube blanc.*
Sa décoction, dans le squirrhe du Foie.

L'infusion d'une petite poignée, dans demi-septier de vin blanc.

MENTHE. (la)

MORS DU DIABLE. (la)

PALA. (le) *grand arbre du Malabar.* On l'emploie avec du sel & du poivre, pour calmer les chaleurs du Foie.

PATIENCE. (la) Sa racine.

PIÉ DE VEAU. (le) Sa racine séche.

PIMPRENELLE. (la) Son suc.

POLITRIC. (le) Sa décoction seule, ou avec la rhue de murailles, dans du vin, ou de l'hydromel.

POLYPODE. (le)

PTARMIQUE. (la) *à fleurs doubles.*

QUINTE-FEUILLE. (la)

ROMARIN. (le)

RUBÉOLE. (la) *le Muguet des bois.* Pilé, & appliqué extérieurement en forme de cataplasme, sur les tumeurs du Foie.

SCALOPANDRE. (la) *la Langue de Cerf.* Ses feuilles, avec les capilaires, en infusion dans l'eau bouillante.

On en prendra depuis un gros jusqu'à deux, dans les obstructions du Foie.

SENEÇON. (le) Son suc mêlé avec la bierre, ou sa décoction mêlée avec le miel & les raisins de Corynthe, pour les intempéries du Foie.

TAMARISE. (le) *d'Allemagne.* On fait des tasses avec ce bois. L'eau qu'on boit dedans, prévient les opilations de la rate.

VALÉRIANE. (la) Sa racine.

---

# G O U T T E.

*Plantes qui passent pour être propres dans la Goutte.*

ACACIA. (l') Pour préserver les jointures d'être affectées de la Goutte. Mais il faut en user prudemment, & craindre une trop subite répercussion.

ADONIDE, (l') ou l'*Adonis.* On regarde cette plante comme propre contre la Goutte.

AGARIC. (l') Celui qui naît sur le tronc du mélèze, pour la Goutte sciatique.

AIL. (l') On pile cette plante avec la joubarbe en consistance de moëlle ou pulpe, & on l'applique alors sur les parties affligées de la Goutte. Les douleurs sont souvent calmées.

ARMOISE , (l') ou l'*Herbe S. Jean*. On donne pour un excellent remede, dans la Sciatique, sa poudre dans le vin, à la dose de trois gros.

ARROCHE. (l') On l'applique en cataplasme, pour adoucir les douleurs de la Goutte.

AUNÉE , (l') *l'Enula Campana*. La décoction de sa racine dans du vin, est conseillée dans la Sciatique.

BADUCKA. (le) Son suc mêlé avec de la graisse de sanglier, est vanté pour la Goutte.

BARDANE. (la) Ses feuilles cuites sous la braise, ou bouillies dans le lait, appliquées extérieurement, soulagent les Goutteux.

BENJOIN. (le) Pour la Sciatique.

BÉTOINE. (la) Sa décoction, si on en fait un long usage On la recommande encore, mêlée avec partie égale de chamœpytis & de scordium, pour prendre en guise de thé, deux ou trois fois par jour, dans la Goutte & dans la Sciatique.

BOUILLON BLANC, (le) ou *la Molêne*.

On rapporte que ses fleurs & ses feuilles, pilées & renfermées dans des vaisseaux bien bouchés avec du plâtre, après avoir été trois mois en cet état, donnent une liqueur excellente pour calmer les douleurs de la Goutte.

CABARET. (le) Sa racine pour la Goutte Sciatique.

CAILLE-LAIT JAUNE. (le) *le petit Muguet.*

CAMOMILLE. (la)

CHAMARAS. (le) *le Scordium.*

CHICORÉE SAUVAGE. (la) Sa feuille cueillie au printems, féchée à l'ombre, & pulvérifee.

CHOU ROUGE. (le) Sa feuille appliquée fur les pieds.

COQUERET. (le) *l'Alkekenge.* Huit de fes baies mangées à chaque changement de lune.

COULEUVRÉE. (la) *la Bryone.* Toutes fes parties. Sa racine pilée & appliquée trois ou quatre fois fur le mal, en appaife les douleurs.

Certe même racine fraîche, pilée & mêlée avec l'huile de lin, s'applique tiéde pour la Sciatique.

COURGE. (la) L'eau diftillée du fruit avant fa maturité extérieurement.

CRESSON DE FONTAINE. (le) La feuille mêlée avec du levain, en cataplafme.

CUSCUTE. (la)

DORONIC D'ALLEMAGNE, (le) *l'Armica.*

L'herbe & les fleurs ; il faut en ufer avec précaution.

FÉNUGREC. (le) *le Sénégré.* Sa farine.

GARENCE. (la) Les étoffes teintes avec cette plante, portées à nud fur la peau, paffent pour foulager les goutteux.

GENET. (le) Le firop de fes fleurs, ou leur infufion dans l'eau commune, qu'on mêle avec des fommités de menthe & de fariette à la dofe depuis une once jufqu'à deux.

GENIEVRE. (le) On prépare avec la décoction du bois, un demi-bain qui foulage les goutteux.

GERMANDRÉE. (la) *le Calamandrier.* En infufion coupée avec du lait.

GRASSETTE, (la) *l'Herbe graffe.* Sa racine pilée & cuite, appliquée en cataplafme, pour les douleurs fciatiques.

GUY DE CHÊNE. (le) Son écorce en cataplafme, &c.

JOUBARBE. (la) *la grande Joubarbe, l'Artichaut fauvage.*
Ses feuilles appliquées fur les nodus des goutteux, mais lorfque l'inflammation n'eft plus confidérable.

IVETTE. (l') Un gros de sa poudre, avec autant de feuilles de germandrée, délayées dans un verre de vin rosé.

Deux gros de l'extrait de ces mêmes plantes, avec une ou deux gouttes d'huile de canelle, en bol.

La plante macerée dans l'eau froide, ou dans l'eau chaude.

KAKATODDALI. (le) *Arbrisseau du Malabar.*

Sa racine & son fruit verds frits dans l'huile, on en fait un onguent friable pour la Goutte.

LENTILLE D'EAU. (la) Pour calmer les douleurs de la Goutte.

LIERRE TERRESTRE. (le)

LIZERON. (le) *le petit Lizeret.* Ses fleurs cuites dans l'huile, on en graisse les parties souffrantes.

MARGUERITTE. (la) *la Paquerette sauvage.*

Ses feuilles nouvellement cueillies pour la Sciatique.

La plante pilée seule pour la Goutte.

MATRICAIRE. (la) Ses feuilles appliquées en cataplasme.

MÉLISSE. (la) Ses feuilles séches apprêtées comme le thé des Indes.

MILLE-PERTUIS, (le) extérieurement.

MOUTARDE. (la) *le Senevé*, en cataplasme pour la Goutte sciatique.

On fait frire des poireaux hachés menus avec du fort vinaigre. On les saupoudre lorsqu'ils sont cuits, avec de la graine de moutarde, & on les applique sur le mal.

La fiente de pigeon, la moutarde & la térébenthine en cataplasme. Il faut attendre que l'inflammation soit passée.

MUGUET. (le) On remplit de ses fleurs un vase de terre, dont l'orifice est fort étroit; après l'avoir bien bouché, on l'enfouit dans une fourmilliere pendant un mois. Les fleurs se pourrissent & se fondent. On en tire une liqueur qui est comme de l'huile, bonne pour calmer les douleurs de la Goutte & de la Sciatique, employée extérieurement.

NERPRUN. (le) Ses baies en poudre, à la dose d'un gros ou un gros & demi, incorporées avec un peu de conserve de fleurs d'orange, ou avec du savon de Gênes.

NOYER. (le) Son suc, ses feuilles.

OLIVIER. (l') Le marc de l'huile d'olive, appellé l'*Amaruca*, pour la Sciatique; on y ajoute un peu d'eau-de-vie, ou d'esprit de vin.

ORME. (l') La décoction de son écorce, faite jusqu'à ce qu'elle ait acquis la consistence de sirop, en y ajoutant un tiers d'eau-de-vie pour calmer la douleur de la

Sciatique, en faisant une fomentation chaude sur la partie malade.

ORTIE. (l') L'infusion théïforme de ses
feuilles. La plante en cataplasme soulage les
Goutteux.

PAIPOIREA. (le) *Arbrisseau du Malabar.*
On fait de ses feuilles, de ses racines &
de son infusion, une aposême fort vanté pour
la Goutte Sciatique extérieurement.

PASSE-RAGE. (la) Pour la Sciatique extérieurement.
Sa racine pilée & mêlée avec du beurre,
sur les endroits où la Goutte se fait sentir.

PIN. (le) L'huile qu'on tire de ses pommes
pour la Goutte vague.

PLICAIRE. (le) *la Mousse terrestre*, pour
les inflammations & les douleurs de la
Goutte.

POLIPODE. (le) Sa racine bouillie dans
l'eau.

POULIOT. (le) *la Menthe de Marais.* Sa
décoction extérieurement.

SAULE. (le) Des fomentations faites avec
ses feuilles, & son écorce, bouillies dans du
vin.

SCEAU DE NOTRE-DAME. (le) *la
Racine-Vierge.*

La poudre de ſes racines mêlée avec de la fiente de vache & le vinaigre en cataplaſme.

SENEÇON. (le) En cataplaſme extérieurement, bouilli avec le lait, ou frit avec le beurre.

Cette même racine fraîche pilée & mêlée avec l'huile de lin, s'applique tiéde pour la Sciatique.

SMILAX. (le) *le Liſeron-rude*. Ses racines.

On enveloppe les pieds juſqu'au milieu de la jambe, de ſes feuilles, ayant ſoin de les renouveller chaque jour. C'eſt, dit-on, le meilleur remede contre la Goutte.

SUREAU. (le) L'huile de ſon écorce moyenne faite par infuſion.

Les raclures de ſon écorce s'appliquent ſur les parties affectées de la Goutte, &c.

TAMARISE. (le) La décoction de ſon écorce.

THYM. (le) Sa poudre mêlée avec le miel & la farine d'orge, ſoulage la Goutte Sciatique, appliqué ſur le mal en cataplaſme.

VIGNE. (la) Les marcs de raiſin pour la Goutte Sciatique.

YEBLE. (l') Sa racine coupée par petits morceaux, applatie avec le marteau, enſuite bouillie avec la lie de vin blanc, pendant deux heures. On y trempe des linges qu'on applique fur le mal. La Goutte fe paffe en deux ou trois jours. On réïtére matin & foir.

Les feuilles d'*Yeble*, appliquées en cataplafme, foulagent les douleurs de la Goutte.

Les graines macérées dans l'eau chaude, & exprimées fortement, donnent une huile qui nage fur l'eau, & qui eft propre appliquée extérieurement, à appaifer les douleurs de la Goutte.

# HÉMORRAGIES.

*Plantes qui paffent pour être propres dans les Hémorragies, les Pertes de fang, & celles des Femmes.*

ACACIA. (l') Son fuc pour les Hémorragies, & les Pertes des femmes ; à la dofe de demi-dragme, jufqu'à une, en poudre, ou en bol.

AGARIC. (l') De chêne par préférence. Il a la vertu d'arrêter extérieurement les Hémorrhagies. Ce remede eft cependant impraticable dans les Hémorrhagies du nez, à caufe des irritations & des éternuemens qu'il occafionneroit.

AMANDIER. (l') L'émulsion qui se fait avec les amandes douces, est très-bonne intérieurement dans les Hémorrhagies.

ARGENTINE. (l') On recommande cette plante dans les tisanes & bouillons pour les Hémorrhagies.

La graine concassée, & prise à la dose d'un demi gros dans quatre onces de son eau distillée, modere & arrête quelquefois les Pertes de sang.

BALAUSTRIER. (le) ou *Grenadier sauvage.*

L'écorce de son fruit, connue dans les boutiques sous le nom de *Malicorium* ; ses pepins, & son suc, s'emploient avec succès dans les Pertes de sang.

BARDANE. (la) On conseille une ou deux de ses feuilles, & on s'en frotte le nez jusqu'à ce que le sang s'arrête , ce qui est tout au plus l'affaire d'un demi-quart d'heure. C'est un grand spécifique pour arrêter les Hémorrhagies.

BEC-DE-GRUE. (le) ou *la Geraine.*
On prescrit dans les Pertes de sang , & les Hémorrhagies, le suc de la premiere espece comme un vrai spécifique , d'où lui est venu le nom de *Bec de Grue sanguin.*

Les gens de campagne s'en servent pour arrêter le sang des blessures.

Rien n'est meilleur, dit-on encore, pour arrêter les Hémorrhagies , que le vin où les feuilles de l'*Herbe à Robert*, qui eſt *le Bec-de Grue de la deuxieme eſpece*, ont macérées pendant une nuit, après les avoir écraſées.

BENOITE. (la) ou *l'Herbe S. Benoît.* L'extrait de ſa racine.

BISTORTE. (la) Sa racine.

BOURSE A PASTEUR. (la) *le Tabouret.* Elle convient dans toutes les Hémorrhagies. On s'en ſert en cataplaſme avec du vinaigre , ou pilée avec du plantain, appliquée ſur l'os du pubis, &c. pour les regles trop abondantes.

BOVISTE. (la) *la Veſſe de loup.* Sa poudre & la partie ſpongieuſe que la plante contient.

Elle eſt dangereuſe à manger.

BRUNELLE. (la) *la petite Conſoude.*

BUGLE. (la) *la Conſoude moyenne.*

BUGLOSSE. (la)

CHARDON-BÉNIT. (le) Le ſuc qu'on en tire par expreſſion , reſpiré par les narines.

CHÊNE. (le) Son écorce, ſon aubier, ſes feuilles, ſon gland , &c. pour les Pertes de ſang.

CONSOUDE. (la) *la grande.* Sa racine.

CORNOUILLIER. (le) Son fruit.

CORONOPE. (le) *la Capriole.*

CYMBALAIRE. (la) Sa décoction pour les Pertes de sang.

CYNOGLOSSE VULGAIRE. (la) Sa racine & ses feuilles.

DORONIC D'ALLEMAGNE. (le) *l'Arnica.*
Il faut en user à petites doses pour les Pertes des femmes.

ELLÉBORE BLANC. (l') Ses feuilles appliquées en ceinture sur la région des lombes, arrêtent l'Hémorrhagie utérine dans les femmes.

ÉPINE-VINETTE. (l') Son fruit.

FERRULE. (la) Sa moëlle mise dans le nez.

FRÈNE. (le) Ses feuilles pilées & appliquées.

GENIÉVRE. (le) La gomme qu'on tire par incision dans l'arabie du geniévre, sert à arrêter le sang.

GESSE. (la) *la Lentille d'Espagne.* Ses semences.
Les racines de l'espece qu'on nomme *Glands de terre.* Pour les Pertes de sang.

GRENADIER DOMESTIQUE. (le) Sa fleur.

HERBE A COTON. (l') Pour les Pertes de fang.

IRIS. (l') *de la deuxieme efpece.* Ses racines.

LAMIER. (le) *l'Ortie blanche.* Son fuc, pour les Pertes de fang, à la dofe de deux onces.

LENTISQUE. (le) Son bois, pour les Pertes de fang.

LICHEN. (le) *Pulmonaire. La Pulmonaire de Chêne.* Pour les Pertes de fang & les Hémorragies, réduite en poudre, & appliquée, elle arrête le fang des plaies.

La même plante, *de la troifieme, quatrieme & cinquieme efpeces.*

LYCHNIS. (le) *la Lichnide de la quatrieme efpece.* La gaffe, l'œillet des champs.

Sa racine, mife fous la langue, & tenue pendant quelque tems, arrête, dit-on, le faignement de nez.

MACRE. (la) *la Châtaigne d'eau.*

MARGUERITE. (la) *la Paquerette fauvage.* On s'en fert pour arrêter le fang.

MARIPENDA. (le) *Arbriffeau des Indes.* Le firop qu'on tire de fes rameaux, coupés fort menus, & bouillis, arrête le fang.

MILLE-FEUILLE. (la) Des bifcuits, faits avec deux gros de la plante, mife en poudre, & incorporés avec de la pâte.

Une

Une petite poignée de ſes feuilles, infuſée comme du thé.

MIRTHE. (le) Ses baies arrêtent le ſang. Le ſirop qui provient de leur ſuc, pour les Pertes de ſang, & les Hémorragies du nez, à la doſe de demi-once, juſqu'à une once.

MOUSSE. (la) Macérée dans du vinaigre, & appliquée ſur le vagin des femmes, pour leurs Pertes.

NIELLE. (la) Sa racine mâchée, arrête les Hémorragies.

NUMMULAIRE. (la) *l'Herbe aux écus.* Ses feuilles.

ORME. (l') La décoction de ſes racines, dans les Pertes de ſang, ſur-tout de celui qui s'échappe des vaiſſeaux du poumon, & de la matrice.

ORTIE. (l') Son ſuc, un peu tiéde, à la doſe, depuis deux onces, juſqu'à quatre, ſeul, ou mêlé avec partie égale de bouillon.

PANICAULT. (le) *le Chardon Rolland.* Sa décoction, dans du vin, & pour le mieux, même dans du vinaigre, pour les Pertes des femmes. On lave la malade par-tout le corps, en quelque ſorte, ſoir & matin, avec cette décoction, & on applique des linges ſur la partie affectée, &c.

Priſe intérieurement, cette plante occaſionneroit un effet contraire.

D

PERVENCHE. (la)

PIGAMON, (le) *la Rue des prés.* Sa femence, en poudre, prife en guife de tabac, bonne pour les Hémorragies du nez.

PILOSELLE. (la) Sa poudre, mife dans le nez, pour en arrêter les Hémorragies.

PIED DE LYON. (le)

PLANTIN. (le) Son eau diftillée.

POURPIER. (le)

PRELE. (la) *la Queue de Cheval.* Dans les Pertes, & toutes fortes d'Hémorragies.

PRUNELLIER. (le) Son écorce & fes feuilles.

QUINTE-FEUILLE. (la) Son extrait, pour toutes fortes d'Hémorragies, à la dofe d'une once, jufqu'à deux.

RENOUÉE. (la) *la Traîneufe.* Le fuc, la ptifane, ou l'infufion dans du vin, pour toutes fortes d'Hémorragies, fur-tout pour les Pertes des femmes.

On a appliqué, avec fuccès, fous les aiffelles, pour un faignement de nez, que rien ne pouvoit arrêter, cette plante bouillie dans l'eau.

RIS. (le) Pour les perfonnes épuifées par des Hémorragies.

ROSIER. (le) L'eau de fes fleurs.

Les rofes de Provins, légérement bouillies dans du gros vin rouge. On applique le marc chaudement fur le bas-ventre, pour les Pertes de fang.

SALICAIRE. (la) Pour les Pertes des femmes.

SANIELLE. (la) Ses feuilles, dans les ptifanes, apozémes, & potions, contre les Hémorragies, & les Pertes des femmes.

Le fuc, de ces mêmes feuilles, à la dofe de deux ou trois onces.

SANG DE DRAGON. (le) Depuis un fcrupule, jufqu'à une dragme, mêlé avec le corail, & les yeux d'écréviffes, en parties égales, de huit à dix grains chaque prife. On s'en fert pour modérer infenfiblement des Pertes de fang, qu'il eft fouvent dangereux d'arrêter tout d'un coup.

SAUGE. (la) On la tire par le nez, pour en arrêter les Hémorragies.

SAULE. (le) L'infufion de la deuxieme écorce d'ofier, dans du vin rouge, à la dofe d'un petit verre tous les matins : remede expérimenté dans les Pertes.

TALICTRON. (le) *des Boutiques*. Pour les Pertes de fang. On donne fa graine écrafée, avec la pointe d'un couteau, depuis demi-gros, jufqu'à un gros, dans du vin rouge, ou dans un potage, s'il n'y a pas de fievre, pour les Hémorragies.

Pour celles du nez, on afpire cette graine en forme de tabac.

D 2

TILLEUL. (le) Ses baies ou fruits.

TORMENTILLE. (la) L’extrait de sa racine, à la dose de deux gros, au plus.

TROESNE. (le) Le suc de ses fleurs & feuilles, jusqu’à quatre onces ; ou la décoction, jusqu’à six & huit onces.

VERGE-D’OR. (la)

VESSE DE LOUP. (la) La poudre qui se trouve dans sa cavité, on la mêle avec le blanc d’œuf, pour arrêter toutes sortes d’Hémorragies.

VIGNE. (la) Le vinaigre.

# HÉMORROIDES,

*Plantes qui passent pour être propres dans les Hémorroïdes.*

ABRICOTIER. (l’) L’huile exprimée des amandes des noyaux de son fruit.

ARISTOLOCHE. (l’) Les racines des deux premieres especes, & celles de la troisieme aussi. On dit les avoir vu employer avec succès en lavemens, dans le cas d’Hémorroïdes internes, qui après leur suppuration, étoient sur le point de produire des fistules.

La décoction d'une demi-once d'aristoloche ronde, avec une poignée de sommités d'absinthe, prise tous les matins, pendant huit jours, a guéri des personnes qui rendoient le pus par le fondement.

ARRÊT-DE-BŒUF. (l') Sa racine en décoction, dans les Hémorroïdes enflammées.

AUBERGINE. (l') La plante, & le fruit extérieurement.

BALLOTTE. (la) *le Marrube fétide*. Ses feuilles séchées sous la cendre chaude, & incorporées avec du miel, appliquées sur le mal.

BECCABUNGA. (le) ou *Véronique d'eau*. En cataplasme.

BETTERAVE. (la) Sa racine, pilée avec du beurre frais, & bien incorporée l'un avec l'autre, en cataplasme.

BOUILLON-BLANC. (le) *la Molene*. La décoction de ses feuilles, & de ses fleurs avec le lait.

On rapporte encore que ces mêmes feuilles & fleurs pilées, & renfermées dans des vaisseaux bien bouchés avec du plâtre, après avoir été trois mois en cet état, donnent une liqueur excellente pour calmer les douleurs des Hémorroïdes.

On emploie aussi leur décoction dans de l'eau de forge de Maréchaux, pour en arrêter le flux immodéré.

BULBONAC. (le)

CAMOMILLE. (la)

CERFEUIL. (le)

CHÉLIDOINE. ( la ) *petite , la petite éclaire*. Mais ce remède est dangereux, quoiqu'extérieurement employé , à cause de la suppression trop précipitée qui arrive des Hémorroïdes.

COIGNASSIER. (le) Ses semences ou pepins, bouillis dans le lait, étant dépouillés de leur écorce. On en remplit des petits sachets de toile, qu'on applique sur le mal, en les renouvellant de demi-heure en demi-heure. Ce remede passe pour être très-bon.

DENTELAIRE. (la) *l'Herbe aux cancers.* Pour les durillons qui se forment proche le fondement en allant à cheval.

ELLEBORE BLANC. (l') Ses feuilles , appliquées en ceinture , sur la région des lombes, arrêtent le flux hémorroïdal.

ENDORMIE. (l') Ses feuilles, avec du saindoux en onguent.

FENUGREC. (le) *le Senegré.* Le mucilage de ses semences en lavement.

FIGUIER. (le) Son fruit, sec, appliqué extérieurement en cataplasme.
Ou roti, ou cuit dans du lait.

JOUBARBE. (la) *la grande Joubarbe.* Les feuilles, avec du beurre frais, en onguent.

LENTILLE. (la) *d'eau.* Pour calmer les douleurs des Hémorroïdes.

LIEGE. (le) Son charbon, broyé avec du fain-doux.

LIN. (le) L'huile qu'on en tire.

LINAIRE. (la) *le Lin fauvage.* En cataplafme.

LOTIER. (le) *des prés. Le trefle jaune.* Ses feuilles, à la dofe de deux gros en poudre, dans du bouillon, ou dans un peu de vin.

MILLE-FEUILLE. (la) Une petite poignée de fes feuilles en infufion comme le thé, arrête l'écoulement trop abondant des Hémorroïdes.

MORELLE. (la) On la pile, & on l'applique. Ou bien on baffine avec fon fuc tiédi.

NOMBRIL DE VÉNUS. (le) Ses feuilles & fon fuc.

OIGNON. (l') Pilé & mêlé avec du beurre frais.

ORPIN. (l') Ses racines écrafées, cuites avec du beurre frais, & réduites en onguent, pour les Hémorroïdes enflammées.

PLANTIN. (le) On le pile, on en fait un onguent avec le beurre frais, qu'on fait fondre enfemble, & on en frotte les Hémorroïdes avec le bout d'un porreau.

PORREAU. (le) Ses feuilles cuites appliquées.

POIRÉE. (la) Étuver avec son suc exprimé.

POMME DE MERVEILLE. (la) L'huile d'amandes-douces, dans laquelle son fruit a infusé.

PRELE. (la) *la queue de Cheval.*

PYROLE. (la)

RAISIN DE RENARD. (le) L'application de toute la plante.

REINE DES PRÉS. (la) *l'Ormiere.* Sa racine, à la dose d'un gros, dans les Hémorroïdes qui ne fluent point.

RENOUÉE. (la) *la Traîneuse.* Le suc, la ptisane, ou l'infusion dans du vin.

SCROPHULAIRE. (la) *la grande Scrophulaire.* Sa racine pulvérisée, à la dose d'un gros, le matin à jeun, mêlée avec quelque conserve convenable. Ou un verre de son infusion tiéde, pour les Hémorroïdes internes douloureuses.

L'eau où ses racines ont macéré pendant la nuit.

SCROPHULAIRE. (la) *aquatique.*

SENEÇON. (le) En cataplasme, bouilli dans le lait, ou fait avec le beurre.

SUMAC. (le) Ses grappes bouillies dans le vin.

TREFLE. (le) ou *Lotier Hémorroïdal.*

TRIQUE-MADAME. (la) *la Tripe-Ma-dame.*

YEBLE. (l') Ses feuilles cuites dans l'eau commune, appliquées chaudement.

---

# H Y D R O P I S I E S.

*Plantes qui paſſent pour être propres dans ces maladies.*

ABSINTHE. (l') On aſſure avoir guéri l'Hydropiſie par ſon ſecours.

ACHE. (l') On conſeille dans l'Hydropiſie commençante, trois onces de ſon ſuc.

ACORUS. (l') ou *Calamus aromatique.* Sa racine ſéche paſſe pour ſoulager la ſoif des Hydropiques, en cas cependant que l'épenchement ne ſoit pas encore formé.

AIL. (l') On dit qu'il fait paſſer les eaux des Hydropiques.

ANCHOLIE. (l') On prétend avoir guéri une Hydropiſie aſcite, avec ſa racine infuſée dans du vin, avec du beccabunga, du cochléaria, & du creſſon d'eau.

ANGOLAM. (l') *Arbre du Malabar.* Le ſuc qu'on tire de ſa racine.

ARGENTINE. (l').

ARTICHAUT. (l') Le suc extrait de ses feuilles, pris intérieurement.

BARBARÉE. (la) *l'Herbe au Charpentier*, tant en décoction, qu'en infusion, dans l'Hydropisie naissante.

BEC DE GRUE. (le) ou *la Geraine*. Une décoction de l'*Herbe à Robert*, qui est sa deuxieme espece, en fomentation sur la veslie.

BORGÈNE. (la) ou *l'Aulne noir*. Sa seconde écorce.

CABARET. (le) Sa racine.

CAMPHRÉE. (la) Dans les Hydropisies commençantes seulement, & non lorsqu'il y a maigreur ou consomption.

CARTHAME. (le) ou *Safran bâtard*. Il nuit à l'estomac.

CERFEUIL. (le)

CERISIER. (le) Le fruit mangé en quantité.

CHAMARAS. (le) *le Scordium*.

CHARDON-MARIE. (le) Sa semence.

CHÉLIDOINE. (la) *l'Eclaire*.

COLCHIQUE. (le) On prépare un Oximel, appellé *Colchique*, qui est bon dans l'Hydropisie.

CONCOMBRE SAUVAGE. (le) Son suc épaissi, appellé *Elaterium*. Sa racine macérée dans du vin, depuis quinze grains, jusqu'à demi-gros, a ceux qui ne peuvent prendre l'*Elaterium*.

COQUERET. (le) *l'Alkekenge*. Trois ou quatre de ses baies.

COULEUVRÉE. (la) *la Bryone*. Toutes ses parties. Sa racine pilée & appliquée seule, ou mêlée avec de la bouse de vache, sur la région des reins.

CRESSON DE FONTAINE. (le)

CURCUMA. (le) ou *Souchet des Indes*. A la dose d'un demi-gros en poudre, un gros en infusion.

DOMPTE VENIN. (le) Sa racine ; demi-livre dans du vin, réduite à un tiers.

DORONIC D'ALLEMAGNE. (le) *l'Arnica*. L'herbe & ses fleurs, pour l'Hydropisie humide naissante. Il faut en user avec précaution.

ESPATULE. (l') ou *Glayeul puant*. Sa racine, & sa semence, prises en décoction.

EUPATOIRE. (l')

FÉVE. (la) La cendre de ses tiges & de ses gousses brûlées, à la dose d'une once dans une pinte d'eau. On fait filtrer cette boisson.

FIGUIER. (le) Ses tiges découpées au poids d'une livre, & bouillies dans une livre de vin, & une livre & demie d'eau, à la dose de quatre onces, prises le matin.

FRESNE. (le) Le suc de ses feuilles & des sommités, pris tous les matins en petite dose. Son écorce.

GARANCE. (la) Sa racine pour l'Hydropisie naissante.

GENET. (le) Les feuilles, les rameaux, & les sommités bouillies dans du vin ou de l'eau.

Le sirop de ses fleurs, ou leur infusion dans de l'eau commune, qu'on mêle avec des sommités de menthe & de sarriette, à la dose d'une once jusqu'à deux.

La fumigation de ces mêmes fleurs pour défenfler les jambes aux Hydropiques.

L'infusion des tendrons de la plante. On y ajoute du sel d'absinthe.

Le sel lexiviel qu'on en tire. Du vin de geniévre, & de la petite centaurée.

Une lessive faite des cendres de ses sommités avec du vin.

GENET ÉPINEUX. (le) *de la premiere espece*. Sa semence en poudre dans un bouillon, ou un verre de tisane, au poids d'un ou deux gros.

Les fleurs & les sommités des tiges tendres, où le suc qui en a été tiré par expression, ajoutant pour correctif, de la menthe, de la sauge, ou de la sariette.

GERMANDRÉE. (la) *le Calamandrier* en poudre, en infusion, en décoction, en extrait, dans l'Hydropisie commençante.

GRATIOLE. (la) *l'Herbe à pauvre Homme.*
Sa tige, ses feuilles, & ses fleurs en substance, au poids d'un gros. En infusion jusqu'à
deux gros.

On infuse encore demi-poignée de ses
feuilles avec deux onces de manne dans un
demi-septier d'eau. On fait donner un léger
bouillon, & puis on coule le tout.

On les fait infuser aussi dans du lait, dont
on donne un verre pour purger l'eau de l'afcite.

GRATERON. (le) Son suc à la dose de
deux onces.

GROSELLIER. (le) La racine de celui qui
est épineux.

HERNIOLE. (l') ou *Turquette.* En infusion théiforme, ou comme prisane.

HOUX - FRELON. (le) *le petit Houx.*
La décoction de ses racines.

La décoction de ses feuilles, prise à la
dose d'un verre, le matin à jeun, & con-
tinuée pendant quelque tems.

ILLECEBRA. (l') *la petite Joubarbe.*
Deux onces de son suc, dans du lait, ou de
la biere. On ne doit en user qu'avec prudence.

IMPÉRATOIRE. (l') Demi-poignée de
ses feuilles, infusée dans une pinte de vin,
dans un vaisseau bien bouché.

IRIS. (l') *de la premiere efpece*. Le fuc, tiré par expreffion, depuis une once jufqu'à quatre ; mais pour l'Hydropifie commençante, & non pour d'autres cas.

IVETTE. (l') Macérée dans l'eau froide, ou dans l'eau chaude.

LIN. (le) Une petite poignée , infufée dans fix onces de vin ou de biere. On en fait une légere décoction, pour l'Hydropifie naiffante.

MÉLILOT. (le) *le Mirlilot*. En fomentation fur le bas-ventre , pour l'Hydropifie tympanite.

MORS DU DIABLE. (la)

MOURON. (le) *rouge*. Son fuc.

NERPRUN. (le) Ses baies , à la dofe d'un gros , ou d'un gros & demi , incorporées avec un peu de conferve de fleurs d'orange , ou de favon de genêt.

NOYER. (le) L'eau diftillée , qu'on fait avec les noix. On en prend tous les matins, à jeun , avec un peu de vin blanc , & de poudre de tartre.

L'eau connue, fous le nom d'Eau des trois noix , depuis quatre jufqu'à fix onces.

PATIENCE. (la)

PECHER. (le) Ses fleurs nouvelles ; elles caufent quelquefois des douleurs de ventre.

PILOSELLE. (la) Son infusion, dans l'eau ou dans le vin, pour prévenir l'Hydropisie.

PIN. (le) Ses feuilles, leur usage.

POLYPODE. (le) Sa racine hachée, donnée en poudre, avec un peu de crême de tartre, & de caffia lignea.

POULIOT. (le) *la Menthe des marais.*

RAIFORT. (le) La rave. Sa racine pilée, & appliquée sous la plante des pieds.

RICIN. (le) ou *la Palme de Christ.* On pile huit à dix de ses grains ; on les délaie dans six onces d'eau tiéde, dans laquelle on fait aussi dissoudre un scrupule de sel de tartre : on y ajoute encore deux ou trois gouttes d'huile de canelle ou d'anis.

Ses feuilles, macérées dans du petit-lait, à la dose de six onces.

SAUGE. (la) *sauvage.* Son infusion, dans du vin blanc. On en prend un verre de quatre heures en quatre heures. Les effets en sont très bons.

SOLANUM SCANDENS. (le) ou *la Douce-amere.* Sa partie ligneuse, en infusion.

SOLDANELLE. (la) *le Chou marin.* La plante bouillie, avec le concombre sauvage, & les baies de sureau dans du vin rouge, bue tous les jours, à la dose de quelques verres.

SOUCY. (le) *sauvage.*

SUREAU. (le) La décoction de ſes feuilles, ou des tendrons même des racines.

Le ſuc de ſon écorce moyenne. L'eau de cette même écorce, à prendre trois fois par jour, à la doſe d'une once & demie.

L'infuſion de ſon écorce, pilée dans du lait, de l'eau ou du vin, dans le cas de bouffiſſure, & de menace d'Hydropiſie.

Ses feuilles bouillies dans du vin rouge, pour faire déſenfler les jambes des Hydropiques, ſur-tout ſi on en fait une eſpece de bain vaporeux; ou des fomentations fréquentes; & ſi on applique le marc en cataplaſme, on y mêle auſſi les feuilles & les fleurs de tanaiſie.

Le champignon qui vient ſur le ſureau, infuſé dans du vin.

TANÉSIE. (la) La plante, l'eſprit qu'on en tire.

La décoction de la plante entiere, avec la lie de vin, & le jus d'yeble, pour balliner les jambes des Hydropiques. On boit en même-tems trois ou quatre onces du ſuc de cette plante, ou pluſieurs verres de ſon infuſion théiforme.

TILLEUL. (le) La décoction de ſon bois, principalement celui de ſes jeunes branches de deux ans.

TITYMALE. (le) *de la deuxieme eſpece,* appellé l'*Éſule.* Son écorce encore fraîche, macérée pendant vingt-quatre heures, dans

du fort vinaigre, ou dans du fuc de coing,
ou de limon, ou d'épine-vinette, enfuite
féchée, à la dofe, depuis un fcrupule jufqu'à un gros, en poudre; & jufqu'à deux
en infufion.

TUSSILAGE. (le) *le Pas-d'Ane*. La décoction des fleurs dans du vin, en cataplafme extérieur, pour les ulceres aux jambes
des Hydropiques, & qui menacent de gan-
grenne. On y affocie la myrrhe, le maftic
& la litharge.

VERGE-D'OR. (la) Pour les Hydropifies
naiffantes.

VÉRONIQUE. (la) Deux poignées, bouillies avec une once de réglifle, dans affez
d'eau de pluie. On ajoute à la colature fix
onces de vinaigre, avec raifonnablement
d'extrait de geniévre.

Le vin de véronique.

VERVEINE. (la) La plante pulvérifée.

VIGNE. (la) Une once de cendres de far-
mens, bien tamifées, dans une pinte d'eau
commune : & après l'avoir laiffé raffeoir,
on verfe doucement l'eau qui furnage, dont
on fe fert pour boiffon ordinaire ; on aug-
mente infenfiblement la dofe des cendres.

Pour l'Hydropifie afcite, les raifins fecs.

YEBLE. (l') Ses racines, en y ajoutant
quelques correctifs. Il faut fe garder de les
ordonner témérairement.

# J A U N I S S E,
## L'Ictere, les Pales Couleurs,
## le Chlorosis.

*Plantes qui passent pour être propres dans ces maladies.*

ABSINTHE. (l') Son vin passe pour guérir la Jaunisse, & soulager dans les Pâles Couleurs.

AGARIC. (l') Celui qui naît sur le tronc du *mélese.*

ANCHOLIE. (l') Sa racine pulvérisée, à la dose d'un gros, mêlée avec un peu de safran, & délayée dans un verre de vin, dans la Jaunisse. Le malade garde le lit, afin d'entretenir la sueur qu'occasionne cette boisson.

ARGENTINE. (l') Pour la Jaunisse.

ARRÊT-DE-BŒUF. (l') Sa racine en décoction, soit dans les ptisanes, soit dans les bouillons & apozêmes; bonne dans la Jaunisse.

AURONE. (l') ou *Garde-rube.* Guérit la Jaunisse.

BLUET. (le) Sa décoction, dans de la bierre, suivant quelques-uns, dans la Jaunisse.

BOURGÉNE. (le) ou *l'Aune noir*. Sa seconde écorce, dans la Jaunisse.

BUPHTALME. (le) ou *Cacle*.

CABARET. (le)

CARTHAME. (le) *le Safran bâtard*. Il nuit à l'estomac.

CATAIRE. (la) *l'Herbe aux Chats*.

CERFEUIL. (le)

CHAMARAS. (le) *le Scordium*.

CHANVRE. (le) Sa graine.

CHARDON. (le) *Marie*. Ses feuilles & ses racines.

CHÉLIDOINE. (la) *l'Éclaire*. Ses feuilles.

CHICORÉE. (la) Ses feuilles vertes.

CONYSE. (la) *l'Herbe aux Puces*.

COQUERET. (le) *l'Alkekenge*. L'essence qui s'en prépare.

CURCUMA. (le) ou *Souchet des Indes*. A la dose d'un demi-gros en poudre, & d'un gros en infusion.

DENT DE LYON. (la) *le Pissenlit*. Toute la plante.

ÉPINE-VINETTE. (l') Son écorce intérieure, macérée dans du vin blanc.

EUPATOIRE. (l') Pour les Pâles Couleurs ; on la mêle avec la fumeterre , dans le petit-lait.

FRAISIER. (le) L'eau diftillée de fon fruit, fes racines & fes feuilles.

FRESNE. (le) L'eau qu'on en tire , par la diftillation, prife intérieurement.

GARANCE. (la) Sa racine.

GERMANDRÉE. (la) *le Calamendrier.* En poudre , en infufion, en décoction , & en extrait, dans la Jauniffe & les Pâles Couleurs.

GIROUILLE. (la) *l'Hériffonnée.* Sa femence.

HERNIOLE. (l') ou *la Turquette.* Pour la Jauniffe.

HOUX-FRELON. (le) *le petit Houx.* Sa racine , pour la Jauniffe & les Pâles Couleurs.

IVETTE. (l') Macérée dans l'eau froide, ou dans l'eau chaude.

LICHEN PULMONAIRE. (le) *la Pulmonaire de chéne.* Une poignée , bouillie dans une livre de bierre ; on la laiffe réduire à demi ; on en prend un verre le matin & le foir.

LICHEN. (le) *de la deuxieme efpece. L'Hépatique de fontaine.* A la dofe d'une poignée.

MAROCHEMIN. (le) *le Marrube blanc.*
Son fuc, à la dofe de deux, trois ou quatre onces.

Son firop, à celle de deux onces, mêlées
avec un fcrupule d'huile de tartre, par dé-
faillance, à prendre par cuillerée, de quart-
d'heure en quart-d'heure.

MATRICAIRE. (la) Une poignée de fes
feuilles & de fes fleurs, infufée dans un
demi-feptier de vin blanc, pendant la nuit ;
en ufer pendant quelques jours , pour le
Chlorofis & les Pâles Couleurs.

MÉLISSE. (la) Un opiat fait de fa conferve, de celle de borax, de buglofle, la
confection alkermès, & le firop des cinq
racines apéritives.

MOUTARDE. (la) *le Senevé.* Sa graine.

NAVET. (le) Sa femence, à la dofe d'un
gros.

NERPRUN. (le) Ses baies, étant féches ;
on les fait bouillir au nombre de vingt ou
vingt-cinq, dans un bouillon ordinaire ; on
y ajoute un demi-gros de crême de tartre,
& on diffout dans le bouillon deux gros de
teinture de mars, on pafle le bouillon avant
de le donner.

Ou bien on fait bouillir ces baies, avec
demi-once de limaille de fer, renfermée dans
un nouet.

OSEILLE. (l') La décoction de ses feuilles, à la dose d'une pinte.

PATIENCE. (la) Sa racine, pour les commencemens de la Jaunisse, lorsqu'il n'y a point de chaleur.

Aussi pour les Pâles Couleurs.

PILOSELLE. (la) Son infusion, dans l'eau, ou dans le vin, avec un peu de sucre.

PIED-DE-VEAU. (le) *la Racine amidoniere. L'Arum.* Ses racines, séches, & mises en poudre, depuis demi-gros jusqu'à un gros, avec du sucre, & de la canelle en poudre.

POLYPODE. (le) Sa racine, hachée, & donnée en poudre, avec un peu de crême de tartre, & de cassia lignea.

POLYTRIC. (le) Sa décoction, seule, ou avec la rhue de murailles, faite dans du vin, ou de l'hydromel.

POULIOT. (le) *la Menthe de marais.*

QUINTE-FEUILLE. (la)

ROMARIN. (le) Son infusion.

SAFRAN. (le) Dans le Chlorosis. En général, il faut être circonspect en en usant.

SAUGE. (la) *sauvage.*

SENEÇON. (le) Son suc, mêlé avec la biere ; ou sa décoction, mêlée avec le miel, & les raisins de Corinthe.

SOLANUM SCANDENS. (le) *la Douce-amere.* Sa partie ligneuse, en infusion.

SOUCY. (le) *sauvage.* Pour la Jaunisse, & sur-tout pour les Pâles Couleurs.

TANÉSIE. (la)

VALÉRIANE. (la) *la grande, celle des haies.* Sa racine.

VÉRONIQUE. (la) *mâle.*

VERVEINE. (la) Le vin dans lequel elle a infusée, à la dose de quatre onces, le matin, à jeun, pendant quelque tems.

VIGNE. (la) Les verjus, pris à la dose de trois ou quatre onces, dans un bouillon de veau.

*Animaux dont on se sert aussi pour ces maladies.*

CLOS-PORTE. (le) Sa cendre, & son huile.

# PEAU.

*Plantes qui paſſent pour être propres pour les maladies de la Peau.*

AMANDIER. (l') L'huile d'amandes douces, pour amolir les duretés, & guérir la féchereſſe de la peau.

ARGENTINE. (l') Son eau diſtillée, eſt bonne pour nettoyer le viſage, pour le hâle, & pour les rougeurs.

ARISTOLOCHE. (l') Rien n'eſt meilleur pour les maladies de la Peau, que ſa poudre mêlée avec le miel & le vinaigre.

BEID-EL-OSSAR. (le) ou *Beidelſar, plante d'Égypte*. Ses feuilles rendent un lait excellent, pour les maladies de la Peau.

BOUCAGE. (le) ou *la Pimprenelle blanche*. Son eau, diſtillée, pour effacer les taches de la Peau.

BOUILLON-BLANC. (le) ou *la Molene*. L'eau de ſes fleurs, diſtillée, pour les maladies de la Peau.

BOULEAU. (le) Ses feuilles, leur ſuc, & leur eau diſtillée, pour nettoyer les taches du viſage.

BOURGENE.

BOURGENE. (le) ou *l'Aune noir*. Sa feconde écorce, broyée dans du vinaigre, guérit radicalement les maladies de la Peau, en peu de tems, fi on s'en frotte deux fois par jour.

BRUIERE. (la) L'huile tirée de fes fleurs.

CALLEBASSE. (la) L'huile tirée par expreffion de fa femence.

CAMELINE. (la) L'huile également tirée par expreffion de fa femence.

CITROUILLE.. (la) L'huile qu'on tire de fa graine.

COUDRIER. (le) *le Noifettier*. L'huile qu'on tire par expreffion des noifettes & avelines.

DENT-DE-LYON. (la) *le Piffenlit*. Son fuc.

DOUCE-AMERE. (la) *la Morelle grimpante*. On fe fervoit autrefois du fuc de fes grains, pour enlever les taches du vifage.

ELLEBORE. (l') *noir*. Sa racine mife en poudre, & du fain-doux.

EUPATOIRE. (l') Dans le petit-lait, avec la fumeterre.

FRAISIER. (le) L'eau diftillée, qu'on fait avec la fraife, efface les taches de rouffeur.

FRAXINELLE. (la) Son eau diftillée: elle eft cofmétique.

E

GRÉMIL. (le) En Suede, on fait ufage de celui de la deuxieme efpece, pour embellir la Peau.

HÉPATIQUE. (l') On en préparoit autrefois une eau diftillée, particuliérement pour blanchir la peau du vifage, lorfqu'elle eft gâtée par l'ardeur du foleil.

HOUBLON. (le) Ses pouffes, pour les maladies de la Peau.

LENTISQUE. (le) L'huile qu'on tire de fes fruits, étoit eftimée des Anciens, pour les maladies cutannées,

LICHEN, (le) *de la deuxieme efpece,* *L'Hépatique de fontaine.* Sa décoction, ou fon eau diftillée.

MYRRHE. (la) Son huile, pour diffiper les taches de la Peau.

NÉNUFAR. (le) Les racines de fes fleurs extérieurement, pour décraffer & adoucir la Peau.

Sa racine, mêlée avec de l'eau, pour effacer la rouffeur, & les autres taches de la Peau.

NOYER. (le) La liqueur que les noix féches, pilées dans un linge, donnent. Cette huile fait paffer les taches de rouffeur.

OIGNON. (l') Son jus exprimé, pour ôter les taches du vifage,

PATIENCE. (la) Sa racine appliquée extérieurement, pour les maladies de la Peau.

PÊCHER. (le) L'eau qu'on tire de ses fleurs par la diftillation, pour les taches du visage.

PIED-DE-VEAU. (le) *l'Arum.* Son eau diftillée, déterge & nettoye le visage.

POULIOT. (le) *la Menthe de marais.* Sa décoction extérieurement, pour les demangeaisons de la Peau.

PRIMEVERRE. (la) *la Primerole.* Le suc de ses fleurs efface les rides, & les taches de la Peau.

RICIN. (le) *le Palme de Chrift.* Ses feuilles, macérées dans l'eau, ou le vinaigre, pour les maladies de la Peau.

SABINE. (la) *le Savinier.* Son eau, diftillée, pour emporter les taches du visage, & éclaircir le teint.

SCABIEUSE. (la) Le sirop qu'on fait avec toute la plante, pour les maladies de la Peau, en baffinant en même tems, avec une décoction de la même plante, à laquelle on ajoute un peu d'eau-de-vie camphrée.

SCEAU DE SALOMON. (le) *le Genouillet.* Le suc exprimé de sa racine pilée, toute fraîche, enleve les lentilles, & hâle, & autres taches de la Peau.

L'eau, qu'on tire de la plante, par la diftillation, passe pour comeftique.

La décoction de toute la plante, guérit les maladies de la Peau.

SMILAX. (le) *le Liseron rude.* Ses racines, pour toutes les maladies de la Peau.

SOUDE. (la) *le Salicot.* Pilée, & appliquée extérieurement.

VÉRONIQUE. (la) Pour effacer les taches de la Peau.

---

# PIERRE.

*Plantes Lithonphtriques : Lithontriptiques, qui passent pour être propres à briser la Pierre dans les reins & la vessie.*

ABRICOTIER. (l') L'huile exprimée des amandes des noyaux de son fruit, avalée à la dose de cinq onces dans une once de vin de malvoisie, passe pour chasser le calcul des reins.

ADONIDE. (l') ou *l'Adonis.* La plante.

AIL. (l') pousse le gravier.

Le lait, où on l'a fait bouillir, passe pour appaiser la douleur de la Pierre.

ALISMA. (l') Sa racine en décoction pour la gravelle, & la Pierre des reins.

ANCHOLIE. (l') On rapporte qu'en Espagne, on mange tous les matins de sa racine,
pour le calcul.

ANDROSŒNUM. (l') *la Toute-saine.*

ANGHIVE. (l') Son fruit contre la gravelle.

ARRÊT-DE-BŒUF. (l') Sa racine & son
écorce, excellens pour le calcul des reins &
de la vessie.

Son essence fortement recommandée dans
les maladies qui reconnoissent pour cause le
calcul.

ASPERGE. (l') sur-tout la sauvage, passe
pour dissoudre la Pierre, & empêcher le
calcul.

AUNÉE. (l') *l'Enula Campana.* Le vin
qu'on prépare avec sa racine, bon dans le
calcul. On en prend pendant sept jours, un
verre le matin à jeun.

AVOINE. (l') Le bain qu'on prépare avec
le houblon, l'orge & la paille d'avoine, pour
faciliter la sortie du calcul des reins, des
ureteres, & de la vessie.

AURONE. (l') ou *Garde-Robe.* La poudre
de ses sommités, mêlée avec un peu de nitre, passe pour spécifique dans le calcul des
reins.

BALZAMINE. (la) prise en infusion.

BARBARÉE. (la) *l'Herbe au Charpentier.*
Sa semence, à la dose d'un gros, concassée &

E 3

prife dans du vin blanc, ou quelque liqueur
appropriée, pour le gravier des reins.

BARDANE. (la) Ses femences paffent
chez quelques uns pour convenir dans le
calcul ; on doute de la vérité de cette propriété.

La plante peut, dit-on, foulager beaucoup
dans la maladie de la Pierre.

BDELLIUM. (le) Celui qui vient de l'A-
rabie, appellé *Saracenic.*

Sa gomme bonne contre la pierre des reins,
prife en breuvage.

BON - DUC. (le) *Plante des Indes.* Ses
baies.

BOTRIX. (le) autrement *le Piment.*

BOUCAGE. (le) ou *la Pimprenelle blan-*
*che.*

BOULEAU. (le) La liqueur qui découle
au printems de cet arbre.

. Celle qui eft faite avec du malt d'avoine,
dont les Anglais exaltent beaucoup la vertu
diurétique, y faifant entrer le fuc de bouleau,
& les femences de carottes, eft excellente
contre le calcul.

BUSSEROLE. (la) *le Raifin d'Ours.* Un
des meilleurs remedes.

CAROTTE CULTIVÉE. (la) La racine
& la femence.

CAROTTE SAUVAGE. (la)

CHAUSSE - TRAPE. (la) *le Chardon-Etoilé.*

CITROUILLE. (la) Sa graine.

CONCOMBRE. (le) On en ufe dans le calcul, étant cuit.

COQUE-LOURDE. (la) *la Paffe-Fleur.* Sa femence, cuite dans du vin.

CORONOPE. (le) *la Capriole.*

DORONIC D'ALLEMAGNE. (le) *l'Arnica.* L'herbe & fes fleurs, fur-tout celles-ci; il faut en ufer avec précautions.

FENOUIL SAUVAGE. (le) La troifieme efpece.

FRAISIER. (le) L'eau diftillée de fon fruit, principalement *l'eau fpiritueufe,* ou *teinture de fraife.*

FRÊNE. (le) L'eau qu'on en tire par la diftillation, prife intérieurement. Sa graine.

GENÊT. (le) L'eau diftillée du petit genêt herbacé.

GENIÉVRE. (le) Ses baies; on les fait macérer pendant une nuit dans du vin, & on prend la colature le matin à jeun.

GRÊMIL. (le) *l'Herbe aux poules.*

HÉLIOTROPE. (l') *l'Herbe d'or.* La décoction de fes feuilles, avec la femence de cumin.

HERNIOLE. (l') ou *Turquette*. En infufion, ou en décoction dans l'eau, à la dofe
d'une poignée fur une pinte de liqueur.

En poudre dans du bouillon, ou dans un
opiate, à la dofe d'un gros.

LAMPOURDE. (la) *le petit Gloutron*. En
poudre, à la dofe d'un demi-gros, dans du
vin blanc.

LARME DE JOB. (la)

MILLE-PERTUIS. (le)

MURIER. (le) *le blanc*. Les bourgeons,
cueillis dans le tems de la pouffe, pour la
gravelle.

NERPRUN. (le) Ses baies en poudre, à
la dofe d'un demi-gros, ou d'un gros & demi,
incorporée avec un peu de conferve de fleurs
d'orange, ou avec du favon de Gênes.

Ou bien lorfqu'elles font féches, on les
fait bouillir au nombre de vingt ou vingt-
cinq, dans un bouillon ordinaire, en y ajoutant demi-gros de crême de tartre. On paffe
le bouillon.

NOYER. (le) L'eau diftillée de l'écorce
de noix, pour le calcul.

OBIER. (l') L'eau diftillée de fes fleurs
pouffe les graviers.

POLIURE. (le) *le porte-chapeau*. Sa femence.

PAVOT. (le) Celui de la troisieme espece, appellé *cornu*.

En Portugal, on fait boire à ceux qui sont sujets à la Pierre, un verre de vin blanc, dans lequel on a fait infuser une demi-poignée des feuilles écrasées de cette plante.

PÊCHER. (le) Les amandes de son fruit, à la dose d'un gros, pendant neuf jours, à jeun, dans un verre de vin blanc léger.

PHATZISIRANDA. (la) Herbe qui, réduite en poudre, passe en Espagne pour un puissant remede contre la Pierre.

PIERRE D'ÉPONGE. (la) On vante les pierres qui se trouvent dans les éponges, pour les pierres des reins.

PILOSELLE. (la) Son infusion, ses racines pour la gravelle.

PIMPRENELLE. (la) Infusée à froid dans de l'eau commune, ou du vin, pour la gravelle.

PRUNIER. (le) Sa gomme & celle de son fruit.

QUINTE-FEUILLE. (la)

RAPISTRE. (le)

SANG DE BOUQUETIN. (le)

TRIBULE TERRESTRE. (le) Son eau distillée.

VERGE D'OR. (la) En poudre, à la dose de deux gros, dans quatre onces de vin blanc.

VÉRONIQUE. (la)

*Animaux dont on se sert aussi dans ces maladies.*

CLOS-PORTE. (le) Sa cendre, & son huile.

SCORPION. (le) Son huile est vantée pour rompre la Pierre.

# PLAIES,

## BLESSURES, CONTUSIONS, CICATRICES.

*Plantes qui passent pour être propres pour ces maladies.*

ACHE. (l') On fait un onguent avec la plante qui mondifie les Plaies.

ALIBOUFIER. (l') La résine qu'on en tire, par incision, est excellente pour les plaies récentes. Elle les consolide en très-peu de tems.

ANIL. (l') Plante d'où l'on tire l'indigo. En poudre elle est bonne pour mondifier les Plaies.

AUNÉE. (l') *l'Enula-Campana.* La décoction de sa racine dans du vin, est conseillée extérieurement pour les contusions.

BALZAMINE. (la) appliquée extérieurement, elle déterge les cicatrices.

BARBARÉE. (la) *l'Herbe au Charpentier.* Les paysans pilent toute la plante légérement, la font macérer dans l'huile d'olive, pendant un mois de l'été, & s'en servent ensuite avec succès comme d'un baume excellent pour les blessures.

BÉTOINE. (la) L'emplâtre qu'on en fait convient dans les blessures, principalement dans celles de la tête.

BOUILLON-BLANC. (le) ou *la Molêne.* Les gens de campagne se servent pour les Plaies récentes de ses feuilles, pilées & réduites en espece d'onguent, avec de l'huile.

BOURSE A PASTEUR. (la) *le Tabouret.* On l'applique sur les plaies récentes, pour arrêter le sang, & prévenir les inflammations.

BRUNELLE. (la) *la petite Consoude.* Ecrasée sur la blessure.

BUGLE. (le) *la Consoude moyenne.*

BUGLOSSE. (la)

E 6

CÉTERACK. (le) Ses feuilles, appliquées extérieurement.

CHÊNE. (le) Ses feuilles.

CONSOUDE. (*la grande*) Sa racine extérieurement.

COQ. (le) *l'Herbe au Coq.* Toute la plante. Son eau distillée, ou l'huile qu'on en tire par infusion.

CORNE DE CERF. (la) Son suc.

CORONOPE. (le) *la Capriole.*

CROISETTE. (la) *la Croisée.*

CUPAYBA. (le) *arbre du Brésil.* L'huile qu'il rend par incision est vantée pour les Plaies.

CYNOGLOSSE DE PROVENCE. (la) Ses feuilles appliquées.

DIGITALE. (la) *les Gands de Notre-Dame.*

DOUBLE FEUILLE. (la) *l'Ophrise.* Pour les vieilles Plaies.

ELLÉBORE BLANC. (l') Son suc, appliqué sur les blessures.

ENGUAMBA. (l') *arbre de l'Amérique.* L'huile du fruit qu'il porte est excellent pour les Plaies.

FRÊNE. (le) Ses feuilles pilées & appliquées sur les plaies récentes.

GALEOPE JAUNE. (la) *l'Ortie jaune.*
Ses feuilles fraîches, macérées dans l'eau
pour les Plaies des tendons.

HERBE AU PANARIS. (l') Le suc de sa
décoction appliqué.

HERNIOLE. (l') ou *Turquette.*

LAMPSADE. (la) *l'Herbe aux mamelles.*
La plante pilée & appliquée extérieurement.
Son suc exprimé, mêlé dans des onguens.

MARIPENDA. (le) *Arbrisseau des Indes.*
L'espece de sirop qu'on tire de ses rameaux,
coupés fort menus, & bouillis, guérit toutes
sortes de Plaies.

MENTHE. (la) L'huile par infusion de ses
feuilles, appliquée extérieurement.

MILLE-FEUILLE. (la) Pour les Plaies récentes, hachée menue dessus.

MILLE-PERTUIS. (le) Extérieurement
pour les blessures. Son huile.

MYRRHE. (la) Son huile est excellente
pour les Plaies.

MOURON ROUGE. (le) Mêlé dans le
miel, pour consolider les Plaies. La plante
pilée & appliquée sur les Plaies récentes.

NUMMULAIRE. (la) *l'Herbe aux écus.*
Ses feuilles pour consolider les Plaies.

PÉNOABSON. (le) *Arbre de l'Amérique.* Son fruit contient dix à douze amandes, dont on exprime une huile qui guérit les Plaies. Cette huile est d'ailleurs un poison.

PEUCEDANE. (le) *la queue de Pourceau.* Sa racine extérieurement pour nettoyer les Plaies.

PIMPRENELLE. (la) Ses feuilles pilées.

POMME DE MERVEILLE. (la) L'huile d'amandes douces, dans laquelle son fruit a infusé, pour les inflammations des plaies.

POMMIER. (le) L'eau distillée des pommes pourries.

PRÊLE. (la) *la Queue de cheval.* Pour les Plaies les plus profondes, lors même que les nerfs font coupés.

RENOUÉE. (la) *la Trainaffe.* Son fuc.

SANICLE. (le) Son fuc. On en fait des injections dans les Plaies profondes. Ses feuilles, appliquées fur les bleffures profondes, les guériffent fans fuppuration.

SAPIN. (le) La térébenthine qui en provient.

SAUGE. (la) Son eau diftillée.

STATICE. (la) Réduite en poudre, à l'extérieur.

VALÉRIANE. (la) Ses feuilles, pilées en cataplafme, pour les petites Plaies.

# POITRINE.

*Plantes Béchiques, qui passent pour être propres à la Poitrine.*

Acacia COMMUN. (l') L'écorce & les racines.

ACANTE. (l') ou *Branc-ursine*. Ses feuilles.

ACHE. (l') La conserve, faite avec ses sommités & le sucre.

AMANDIER. (l') L'huile qu'on en tire, par expression, sans le secours du feu.

AUNÉE. (l') *l'Enula-campana*. Sa racine pour diviser la lymphe épaissie qui séjourne dans les différentes parties de la Poitrine.

Sa dose, en substance & en esprit, est depuis demi-gros jusqu'à deux.

En conserve, elle se prescrit jusqu'à la dose d'une once ; & quand elle est fraîche, à celle d'une demi-once, ou d'une once, dans les bouillons & les aposêmes béchiques.

AVOINE. (l') Sa décoction en forme de gruau.

BARDANE. (la) La décoction de ses racines & de son écorce, avec pareille quantité de racines de bénoîte & d'aunée, on adoucit avec un peu de miel.

BASILIC. (le)

BENJOIN. (le)

BÉTOINE. (la)

BOUILLON-BLANC. (le) ou *la Molene.* Ses feuilles & ses fleurs.

BOURACHE. (la)

BUSSEROLE. (la) Sa feuille, pulverisée en ptisane.

CALAMENT. (le)

CALLEBACE. (la) Sa semence.

CANNE A SUCRE. (la) Le sucre candi.

CAPILLAIRE. (le).

CAROTTE. (la) Sa racine.

CAROUBIER. (le) *le Carouge.* La moëlle de ses fruits secs.

CARTHAME. (le) *le Safran bâtard.* Sa graine. Mais elle nuit à l'estomac.

CATAIRE. (le) *l'Herbe aux chats.*

CERFEUIL MUSQUÉ. (le) ou *Cerfeuil d'Espagne.*

CÉTÉRACH. (le)

CHAMAIRAS. (le) *le Scordium.*

CHIROUIS. (le) *le Chervis.* Sa racine.

CHOU ROUGE. (le)

CONSOUDE. (la) *la grande.* Sa racine pour les ulceres de poumon.

COUDRIER. (le) *le Noisettier.* L'huile qu'on tire par expression des noisettes & avelines.

CYNOGLOSSE VULGAIRE. (le) La racine & les feuilles.

ÉPINARS. (les)

EUPATOIRE. (l')

FIGUIER. (le) Son fuit sec bouilli légérement dans l'eau. Le sirop qu'on en fait.

FILIEULE. (la) *la Feugerole.*

FOUGERE. (la) Ses feuilles.

FRÊNE. (le) Ses feuilles en guise de thé.

GENIÉVRE. (le) Ses baies.

GRATTERON. (le) Son eau distillée.

GUIMAUVE. (la) Sa racine & ses feuilles en ptisane, bouillies bien légérement.

HARICOT. (le) La purée qu'on fait avec le grain, sur-tout celle des rouges.

HYSSOPE. (l') La conserve qu'on en fait.

JUJUBIER. (le)

LAMIER. (le) *l'Ortie blanche.* Les fleurs, & les sommités fleuries, en guise de thé.

LICHEN-PULMONAIRE. (le) *la Pulmonaire de Chêne.* En poudre, à la dose d'un gros ; & en décoction, ou infusion, à celle de six onces, pour les ulceres des poumons.

LIERRE-TERRESTRE. (le) En décoction, ou en infusion, à la dose d'une petite poignée.

MARGUERITE. (la) ou *Paquerette.* Dans les ulceres du poumon.

MARJOLAINE. (la)

MELON. (le) L'huile qu'on tire de sa graine.

MILLE-FEUILLE. (la) Une petite poignée de ses feuilles, infusée comme du thé, pour déterger particuliérement les ulceres du poumon.
Son suc.

NAVET. (le) Sa racine, en décoction.

NIELLE. (la) Sa semence, infusée, à la dose d'un gros, incorporée avec du miel, prise le matin, à jeun.

NUMMULAIRE. (la) Dans les ulcérations de poumon.

ORNITHOGALLE. (l') *le Palmier du Levant.* Les dattes, qui en font le fruit.

PAVOT. (le) Ses fleurs, en sirop, ou en infusion, dans les fluxions de Poitrine.

PÊCHER. (le) Le ratafiat de pêches.

PEUCEDANE. (le) *la queue de Pourceau.* Sa racine.

**PIED-DE-CHAT.** (le) *le Pied chatier.* La conferve qu'on en fait, à la dofe d'un gros, jufqu'à demi-once.

Ses fleurs, en ptifane.

**PIED-DE-VEAU.** (le) *la Racine amido-niere. L'Arum.* Ses racines féches.

**PIN.** (le) L'eau du gaudron qui en provient.

**PISTACHIER.** (le) *le térébinthe.* Sa réfine.

**POIREAU.** (le) Son firop.

Sa femence, dans un verre de vin, à la dofe d'un gros, pilée & concaffée.

**POLITRIC.** (le)

**POLYGALE.** (le) ou *Herbe à lait.*

**POLYPODE.** (le) Sa racine & fes feuilles.

**POMMIER.** (le) Son fruit.

**POULIOT.** (le) *la Menthe des marais.*

**PULMONAIRE.** (la)

**RAPETTE.** (la) *le Porte-feuille.*

**RÉGLISSE.** (la)

**ROSSOLIS.** (le) ou *la Rofée du foleil.* Toute la plante.

**SAFRAN.** (le) Il faut être prudent & circonfpect en en ufant.

**SANICLE.** (le) Dans la pulmonie.

**SANTOLINE.** (la) Pour les fluxions de Poitrine.

SAPIN. (le) La térébenthine qui en provient, pour les ulceres de Poitrine.

SARRIETTE. (la) La poudre de fes feuilles, féchées, bue dans un verre de vin, foulage les maux de Poitrine.

SATYRION. ( le ) *l'Orchis.* Sa racine, en poudre, délayée dans du lait, apprêtée de même que le falep, qui eft le fatyrion des Turcs, pour les Poitrines affectées.

SAUVE-VIE. (la) *la Rue des murailles.* Son infufion, ou fon firop, pour les pulmoniques.

On a fait vuider un abcès dans la Poitrine, après une pleuréfie mal traitée, par l'ufage d'une ptifane, faite avec une poignée de rue de murailles, fur une pinte d'eau bouillie, pendant un demi-quart-d'heure : on ajoute à la colature, deux onces de fucre.

SCABIEUSE. (la)

SCEAU DE NOTRE-DAME. (le) La racine vierge.

SCOLOPENDRE. (la) *la Langue de Cerf.*

STACHAS. (le) *Arabique.*

TABAC. (le) Sa décoction, mêlée avec le fucre, dans la vomique du poumon.

TUSSILAGE. (le) *le Pas-d'Ane.* Ses fleurs, fes feuilles, à la dofe d'une once, jufqu'à deux, avec du miel de Narbonne.

VÉLAR. (le) *la Tortelle.* Son fuc, en firop.

La ptifane, faite avec fes feuilles & fes fleurs, dans les maladies de Poitrine.

Sa graine, pour ceux qui crachent des matieres purulentes.

VÉRONIQUE. (la) Son firop, ou fa ptifane, dans les ulceres de poumons. .

VIGNE. (la) Ses raifins fecs, dans les ptifanes.

Le vin cuit.

VIPÉRINE. (la) ou *l'Herbe aux viperes.* On la croit béchique.

---

# REGLES.

*Plantes Emménagogues, qui paffent pour être propres à provoquer les menftrues fupprimées.*

ABSINTHE. (l')

ACHE. (l')

ACORUS. (l') ou *Calamus aromatique.* La vapeur de la décoction de fes feuilles, reçue par le moyen d'un entonnoir dans l'uterus, eft très-bonne dans la fuppreffion des mois, ainfi que pour faire paffer les fleurs blanches des femmes.

AGARIC. (l') Celui qui naît sur le tronc du *mélese*.

AGRIPAUME. (l') ou *la Cordiale*. En substance, à la dose d'un gros, dans du vin, pour exciter les Regles.

AIL. (l')

AMBROISIE. (l')

AMMI. (l') Sa semence, à la dose d'un gros.

ANAGYRIS. (l') ou *Bois puant*. Ses feuilles provoquent les lochies.

ANGÉLIQUE. (l') La décoction de sa racine excite les Regles.

ARISTOLOCHE. (l') Ses racines, en poudre, depuis demi-gros jusqu'à deux; ou en infusion, jusqu'à demi-once.

ARMOISE. (l') ou *l'Herbe de Saint-Jean*. Sa racine, en décoction.

BÉNOITE. (la) ou *l'Herbe Saint-Benoît*. Sa racine, infusée dans du vin blanc, est un excellent emménagogue.

BERLE. (la)

BOTRYS, (le) ou *le Piment*. Son infusion théiforme, ou sa conserve, prise intérieurement.

On applique aussi la plante, en forme de cataplasme, sur la région de la matrice.

BOIS D'ALOËS. (le)

BOUCAGE. (le) ou *la Pimprenelle blan-*
*che.*

BOURACHE, (la) Dans la suppression
des Regles, qui a pour cause l'épaississement
des sucs, ou l'irritation des membranes,

CABARET. (le) Sa poudre, rendue très-
fine.

CAILLE-LAIT. (le) *jaune. Le petit Mu-*
*guet,*

CALAMENT. (le)

CAMELEON. (le) *blanc. La Carline.*

CAMOMILLE, (la)

CANELLE, (la)

CAPRIER. (le) Toute la plante.

CAROTTE. (la) Sa racine, & sa semence.

CATAIRE. (la) *l'Herbe aux chats.*

CERFEUIL, (le) *musqué.*

CHAMARAS. (le) *le Scordium.*

CHANVRE. (le) Sa semence.

CHAUSSE-TRAPE, (la) *le Chardon étoilé.*

CONCOMBRE. (le) *sauvage.* La plante,
bouillie dans du lait en lavement.

CONYSE. (la) *l'Herbe aux puces.*

COQUELOURDE. ( la ) *la Passe-fleur.*
Les Allemandes usent de sa semence, contre les suppressions.

COULEUVRÉE. (la) *la Bryone.*

CRESSON-ALÉNOIS. (le)

CRESSON. (le) de fontaine.

CURCUMA. (le) ou *Souchet des Indes.*
A la dose d'un demi-gros, en infusion.

EUPATOIRE. (l')

FENOUIL. (le) *sauvage.* Sa racine.

FRAXINELLE. (la)

FUMETERRE. (la) Bouillie légérement dans le petit-lait.

GALANGA. (le) Les deux sortes , à la dose de deux gros, en infusion.

GALÉOPE. (le) *jaune. L'Ortie jaune.*
Ses fleurs en infusion.

GARENCE. (la) Sa racine. On s'en sert dans le Nord, pour procurer les Regles aux femmes.

GENIÉVRE. (le) Ses baies.
Son huile essentielle, dissoute dans de l'esprit-de-vin, bien rectifié, à la dose de quelques gouttes, dans une infusion de thé, ou dans du vin d'Espagne.

GERMANDRÉE.

GERMANDRÉE. (la) *le Calamandrier.* En poudre, en infusion, en décoction & en extrait.

GIROUILLE. (la) *l'Hériffonnée.* Sa femence. Mais on s'en fert rarement.

HÉLIOTROPE. (l') *l'Herbe-d'or.*

HYSSOPE. (l')

IMPÉRATOIRE. (l') Sa racine.

LAURIER. (le) Ses baies, fur-tout celles des pays chauds.

LICHNIS. (le) *la Lichnide, celle de la quatrieme efpece. La Gaffe, l'Œillet des champs.* Sa femence.

LIVECHE. (la) ou *l'Ache de montagne.* Ses feuilles, mangées en falade.

MARJOLAINE. (la) L'infufion de fes fleurs.

MAROCHEMIN. (le) *le Marrube blanc.* Son firop, joint à celui de fleur d'orange, & la teinture de Mars.

Son infufion théiforme.

Ses fommités, infufées dans du vin blanc, prifes pendant trois jours, en y ajoutant de la germandrée, & de la petite centaurée.

MATRICAIRE. (la) En infufion.

MAUVE. (la) La raclure de fes racines.

MÉLISSE. (la) Ses fleurs féches, apprê-tées comme le thé des Indes.

F

Les jeunes pouſſes, pilées, & mêlées avec des œufs & du ſucre. On en fait des eſpeces de gâteaux, que les femmes mangent, pour la ſuppreſſion des Lochies.

Son eau compoſée.

MENTHE. (la) *ſauvage.*

MERCURIALE. (la) En lavemens.

Le miel, qu'on prépare avec le ſuc de ſes feuilles, à la doſe de deux onces.

La plante, en peſſaire, en y ajoutant la poudre de myrrhe, le ſafran, & les trochiſques alhandal.

Trois onces de ſon ſuc, avec deux ou trois gros de teinture de Mars, pour les mois ſupprimés.

MEUM. (le) Sa racine, en poudre ; en ſubſtance, à la doſe d'un demi-gros, dans un verre de vin blanc ; & de deux gros, en infuſion.

MORS DU DIABLE. (la) Pour les Regles perdues.

NIELLE. (la) Sa ſemence ſéche, infuſée : fraîche, elle eſt très-nuiſible.

NOYER. (le) Les chatons des noix, infuſés dans du vin blanc, dans les cas de ſuppreſſions des Lochies.

Les noix mûres, macérées dans l'eau, juſqu'à ce qu'on puiſſe en ôter la peau ; enſuite, on les met dans l'eau-de-vie, pendant deux jours. On en fait manger deux ou trois le matin, à jeun, après avoir purgé. On

continue pendant les dix jours , qui précédent le tems des Regles. Ce remede opere ,
même dans tous les cas où les autres remedes
ne réuſſiſſent pas.

ORANGER. (l') L'eau qu'on tire de ſon
fruit par la diſtillation.

Le jus de la bigarade , à la doſe d'une
once, mêlé dans un bouillon , ou un verre
de vin blanc.

ORIGAN. (l') L'infuſion de ſes fleurs.

PANICAULT. (le)

PÊCHER. (le) Les noyaux de ſon fruit ,
concaſſés, & infuſés dans du vin blanc.

PERSIL. (le) *de montagne.*

PÉTASITE. (la) Sa racine, juſqu'à deux
onces, dans une pinte d'eau ; ou en infuſion dans le vin blanc , à la doſe d'une once
dans une chopine. On en uſe par demi-
verrées.

PEUCEDANE. (le) *la Queue de pourceau.* La conſerve qu'on fait de ſa racine.

PIVOINE. (la)

POIREAU. (le)

POULIOT. (le) *la Menthe des marais.*

PRIMEVERE. (la) *la Primerole.* Elle diſ-
ſipe les vertiges des filles, en cas de ſuppreſſions.

RAPISTRE. (le)

RHUE. (la) Une ou deux pincées de ſes feuilles fraîches, infuſées, dans un verre de vin blanc, ou un gros en poudre, lorſqu'elles ſont ſéches.

La plante bouillie, dans du vin, avec l'hyſſope, à verrée, le matin à jeun.

ROSEAU. (le) La décoction de ſa racine.

SABINE. (la) *le Savinier.* Un des plus violens emménagogues. On ne ſauroit être trop circonſpect dans ſon uſage.

SAFRAN. (le) En général, il ſeroit dangereux d'en uſer à doſe trop forte.

SAUGE. (la)

SAXIFRAGE. (la)

SCEAU-DE-NOTRE-DAME. (le) *la Racine Vierge,*

SERPOLET. (le)

SOUCY. (le) *ſauvage.* Ses feuilles, priſes en infuſion, dans du vin, à la doſe d'une once ou deux, lorſque la ſuppreſſion des Regles vient de trop d'atonie.

Le ſuc de ſes fleurs, depuis une once, juſqu'à quatre.

Son extrait, depuis un gros, juſqu'à deux, & ſa conſerve.

STACHAS. (le) *Arabique,*

STACHIQUE. (la) Sa décoction; mais on s'en ſert rarement.

SUREAU. (le) La décoction de ses tendrons, avec un peu de safran.

TANESIE. (la) L'infusion de ses feuilles, dans le vin.

TILLEUL. (le) Ses feuilles.

VALERIANE. (la) *la grande.* Sa racine.

VIOLIER. (le) *le Giroflier jaune.* L'infusion d'une poignée de ses feuilles, & de ses fleurs, dans une chopine de vin blanc.

# S C O R B U T.

*Plantes Anti-Scorbutiques, qui passent pour être propres dans le Scorbut.*

ABSINTHE. (l')

ACHE. (l') ou *Céleri.* Pour fortifier les gencives dans le Scorbut.

ACORUS. (l') ou *Calamus aromatique.* Dans les armées où regne le Scorbut, on fait boire aux malades l'eau dans laquelle sa racine a infusée.

AIL. (l')

AIREL. (l') ou *le Mirtile*. La faconde efpece à fruit rouge. On l'emploie dans le Nord contre le Scorbut.

ALLELUIA. (l') Sa feuille eft fouveraine.

ANCHOLIE. (l') Sa femence en gargarifme.

Sa racine, infufée dans du vin, avec du beccabunga, du cochlearia, & du creffon d'eau.

On propofe ainfi la teinture des fleurs bleues de cette plante, faite avec l'efprit de vin, & mêlée avec partie égale de teinture de laque, & de maftic, pour déterger les ulceres de la bouche dans le Scorbut.

ANGÉLIQUE. (l') Sa racine mâchée.

ARGENTINE. (l') La plante bouillie avec le miel.

ARRÊT-DE-BŒUF. (l') Sa décoction en gargarifme.

BARBARÉE. (la) *l'Herbe de Charpentier.* La plante, tant en décoction, qu'en infufion.

BECCABUNGA. (le) *la Véronique d'eau.* La plante dans les aposêmes, ou bouillons, depuis une poignée jufqu'à deux, & fon fuc, jufqu'à la dofe de quatre onces.

On la peut manger en falade, comme le creffon de fontaine, & même on le préfere à tous les anti-Scorbutiques âcres, quand le malade a trop de chaleur, accompagnée d'une grande diffolution de fang.

Lorfque les Scorbutiques ont des taches fur le corps, ou qu'ils ont quelques membres engourdis, on les expofe au bain de vapeur préparé avec le beccabunga.

Sa décoction eft bonne pour réfoudre les tumeurs qui furviennent aux jambes & aux pieds des Scorbutiques.

BERLE. (la) Son fuc, par préférence à la décoction.

BISTORTE. (la) Sa décoction pour baffiner les gencives.

BOUCAGE. (le) *la Pimprenelle blanche.* Sa racine, dans une décoction de faffebras & de geniévre, avec l'antimoine, ou le foufre vif.

BOULEAU. (le) La liqueur, qui découle au printems, de cet arbre.

BOURDON. (le) *la Paffe-rofe.* La poudre de fes fleurs, deffechées & mêlées dans du miel écumé, avec un peu d'alun, pour la corrofion des gencives & leur relâchement, qui vient du Scorbut.

BOURGÈNE. (le) *l'Aune noir.* La décoction de fon écorce dans du vinaigre, pour nettoyer les gencives des Scorbutiques, & préferver les dents de la pourriture.

BRUNELLE. (la) *la petite Confoude.* Son eau diftillée, &c.

CANELLE BLANCHE. (la) Son écorce en poudre, depuis un fcrupule jufqu'à demi-

dragme ; & en infufion, depuis un gros jufqu'à deux, dans cinq ou fix onces d'eau diftillée de cochlearia.

CAPRIER. (le) Son fruit.

CAPUCINE. (la)

CHARDON-BÉNIT. (le) Les Allemands,
font avec la plante, pendant la vendange,
un vin qu'ils donnent contre le Scorbut.

CHOUX ROUGE. (le) Quatre poignées
des feuilles infufées dans quatre livres de
vin, la canelle, & le gingembre, &c.

CITRONNIER. (le) Son fruit.

CORNE DE CERF. (la)

COSTUS. (le) *Racine d'Amérique.* Sa racine, à la dofe de demi-gros, en fubftance,
& en poudre, & d'un gros en infufion.

CRESSON ALENOIS. (le)

CRESSON DE FONTAINE. (le)

CURCUMA. (le) ou *Souchet des Indes.*
A la dofe d'un demi-gros en poudre, & d'un
gros en infufion.

ÉPINE-VINETTE. (l') Son fruit en gargarifme.

FUMETERRE. (la) Bouillie légérement
dans le petit-lait.

GERMANDRÉE. (la) *le Calamandrier.*
En poudre, en infufion, en décoction, & en
extrait.

HERBE AUX-CUILLERS. (l') *le Cochlearia.*

ILLECEBRA. (l') *la petite Joubarbe.* On en fait bouillir huit poignées, bien lavées & bien mondées, dans huit livres de biere, on réduit à moitié. Cette décoction se prend tous les matins, ou de deux jours l'un, suivant la force du tempérament, à la dose de trois ou quatre onces, un peu tiéde.

IMPÉRATOIRE. (l') En gargarisme, dans les affections Scorbutiques. On tient un morceau de sa racine dans la bouche, pour augmenter la salivation, & pour se garantir de la contagion.

KAROUATA. (le) *Espece d'Ananas de l'Amérique Méridionale.*

LENTISQUE. (le) La décoction de ses tiges pour raffermir les gencives, après avoir employé auparavant la teinture de gomme-laque, ou celle de fleurs d'ancholie.

MASSE AU BEDEAU. (la) *la Roquette des champs.* L'herbe en décoction ; sa semence pulvérisée.

MÉNIANTHE. (le) *le Trefle d'eau.*

MOUTARDE. (la) *le Senevé.* Sa graine, pilée & mêlée avec du vin blanc.

ORANGER. (l') Son fruit entier, avec son écorce.

OSEILLE. (l') Ses feuilles, mêlées avec le creſſon & l'herbe aux cuillers, dans les bouillons des Scorbutiques.

PASSE-RAGE. (la)

PATATE. (la) *la Pomme de terre.*

PATIENCE. (la) L'infuſion de ſa racine dans la biere.

PIN. (le) Ses ſommités, ou jeunes tiges, en décoction dans de la biere.

POLYPODE. (le)

POPULAGO. (le) *le Soucy d'eau.* Ses feuilles en bains de pieds, pour les affections Scorbutiques.

POURPIER. (le)

POURPIER DE MER. (le)

PRUNELLIER. (le) Ses fleurs récentes, infuſées dans du petit-lait, pour purger les ſéroſités Scorbutiques.

RAPISTRE. (le)

RHUE. (la) La décoction de ſes feuilles, pour gargariſer les gencives.

ROQUETTE. (la) Sa ſemence ( le premier anti-Scorbutique ) à la doſe d'un gros, concaſſée & infuſée dans un verre d'eau, diſtillée de cochlearia. A ſon défaut, on mange auſſi la feuille crue, ou on ſe ſert du ſuc qu'on en tire, on le boit mêlé dans du vin, &c.

ROQUETTE DE MER. (la) Ses feuilles.

SAUGE. (la)

SAUVE-VIE. (la) *la Rue de murailles.*

STACHIQUE. (la) On s'en sert rarement.

TOURETTE. (la) On la croit anti-Scorbutique.

VELAR. (le) *la Tortelle.* Sa graine.

VÉRONIQUE. (la) En ptisane.

---

# T Ê T E.

*Plantes Céphaliques, qui passent pour
être propres pour les maux, dont la
Tête peut être attaquée.*

ABSYNTE. (l') Ses feuilles bouillies avec
la décoction de racine de concombre sauvage, dans deux parties d'eau, & trois parties
d'huile, pour la migraine. On frotte la plaie
avec cette huile, & on applique le marc par
dessus.

AGARIC. (l') On le croit utile dans les
écoulemens d'eau qui chargent la Tête & dont
on craint quelques dépôts, à la dose en substance, depuis un demi-gros jusqu'à un gros
& demi.

F 6

Il a peu de vertu, en infusion.

ALIBOUFIER. (l') La réfine liquide qu'on tire par incifion, de fon écorce.

ALLELUIA. (l') Appliquée fur la Tête, en forme de cataplafme ; elle appaife les maux de Tête provenant d'une caufe chaude.

AMBROISIE. (l')

ANIS. (l') Sa graine dans le mal de Tête.

BALAUSTRIER. (le) ou *Grenadier*. Les grenades vineufes.

BASILIC. (le) On prépare, avec fes feuilles & fes fleurs defféchées, une poudre qu'on mêle avec quelques autres herbes aromatiques, & qu'on nomme *Poudre céphalique*. Elle fe prend comme le tabac, par le nez.

Ses feuilles & fes fleurs, prifes en infufion théïforme, appaifent les douleurs de Tête, & diffipent les fluxions de cette partie.

BENJOIN. (le)

BENOITE. (la) *l'Herbe Saint-Benoît*. Sa racine.

BERCE. (la) ou *Branc-urfine*. On applique en fomentation fa femence concaffée, & mêlée avec l'huile d'olive, en confiftance de cataplafme, pour les maladies du cerveau.

BÉTOINE. (la) La plante entiere. Son firop & fa conferve, fon fuc & fon extrait dans la migraine. On les donne ; fçavoir, les

deux premiers, depuis une demi-once jufqu'à une once; & le fuc & l'extrait, jufqu'à
demi-once.

On la mêle encore avec partie égale dé
chamæpytis, & de fcordium, pour prendre
en guife de thé.

BOIS D'ALOËS. (le)

BRUNELLE. (la) *la petite Confoude.* Son
fuc à l'extérieur.

CAILLE-LAIT JAUNE. (le) *le petit Muguet.* En infufion théïforme.

CALAMENT. (le)

CANELLE. (la)

CANELLE-GIROFLÉE. (la) *qui eft l'écorce d'un bois du Bréfil.*

CHARDON-BÉNIT. (le)

COHYNE. (le) *arbre de l'Amérique.* La
chair de fon fruit pilée, appaife les douleurs
de Tête.

CONYSE. (la) *Celle de la troifieme efpece.*

COQ. (le) *l'Herbe aux Coqs.*

DORONIC D'ALLEMAGNE. (le) *l'Ar-
nica.* Ses fleurs bouillies dans la leffive.

EUPHRAISE. (l')

FENOUIL. (le)

FILARIA. (le) *Ses fleurs, pilées dans du vinaigre*, & appliquées fur le front.

FRAXINELLE. (la) Ses fleurs & fes feuilles, en infufion theïforme.

GALANGA. (le) *de deux fortes.* En infufion dans le vin blanc, & à la dofe de deux gros.

GENIÉVRE. (le) On tire du vin de Geniévre un efprit ardent, qui eft bon dans les maladies de la Tête, foit intérieurement, foit extérieurement.

GIROFLE. (le)

GOMME CARAQUE. (la) ou *Caregue.*

GUY DE CHÊNE. (le)

HYSSOPE. (l') Ses fleurs & fes feuilles en décoction. La conferve qu'on en fait.

JASMIN. (le) Ses fleurs.

IRIS. (l') *de la premiere efpece.* Sa fleur.

IVETTE. (l') Ses feuilles en décoction, en infufion, & en poudre.

LAITUE. (la) Appliquée fur le front, pour la Migraine, ou bien, après avoir été amortie fur le feu, avec le vinaigre, le cerfeuil, le pourpier & la pimprenelle.
Son fuc mêlé avec de l'huile rofat.

LAVANDE. (la) La plante.
L'huile effentielle qu'on en tire, quatre ou cinq gouttes à jeun, pour la Migraine.

LIERRE TERRESTRE. (le) Son suc tiré par le nez, pour la Migraine.

MARJOLAINE. (la)

MARONIER D'INDE. (le) Son fruit en poudre, respiré par le nez.

MARUM. (le) *la Germandrée aquatique.* A la dose d'un gros en poudre.

MATRICAIRE. (la) Ses feuilles appliquées en cataplasme.

MÉLISSE. (la) Ses feuilles séches, ou même fraîches, infusées en guise de thé, pour les maladies du Cerveau.

MERISIER. (le) Son fruit.

MOUTARDE. (la) *le Senevé.* Sa graine, concassée légérement, à la dose d'un gros; renfermée dans un noüet. On la mâche pour le mal de Tête.

MUGUET. (le) Ses fleurs.

MUSCADE. (la)

NOYER. (le) Son suc, pour les maladies de la Tête.

OIGNON. (l') Deux oignons, hachés menus, & imbibés d'esprit de vin, appliqués sur la Tête pour la Migraine.

ORANGER. (l') L'eau qu'on tire de son fruit par la distillation.

ORIGAN. (l') La poudre de ses feuilles & de ses fleurs, séchée à l'ombre.

ORPIN ROSE. (l') La racine, on la pile, on la fait bouillir dans de l'eau de rose, & on l'applique fur le front pour les maux de Tête, occafionnés par les coups de foleil.

PÊCHER. (l') Ses fleurs pour les fluxions de la Tête, infufées légérement, à la dofe d'une petite poignée dans un bouillon de veau, fur un feu modéré.

PIVOINE. (la)

POIRÉE. (la) Le fuc mis avec fon marc, dans les narrines, pour la Migraine.

PRIME-VERE. (la) *la Primerole*. Elle dif-fipe la Migraine.

POLIUM. (le) En infufion, à la maniere de thé.

PULICAIRE. (le) *l'Herbe aux puces.*
Un frontal, fait avec le mucilage de fa grai-ne, tiré à l'eau de rofe, & animé d'un peu de bon vinaigre, eft très-bon pour les rhumes de cerveau.

On fait tirer le même mucilage par le nez, après l'avoir délayé avec le fuc de poirée & l'eau de rofe.

RAISIN DE RENARD. (le) *la Pariette.*
La plante féchée, & mife en poudre, à la dofe d'un gros, à prendre à jeun, toutes les vingt-quatre heures; à dofe plus forte, il y auroit danger de mort.

ROMARIN. (le)

ROSIER. (le) *Ses fleurs.*

Les roses de Provins, bouillies dans du gros vin rouge. On applique le marc sur la tête pour appaiser les Migraines violentes.

Le bédeguar du rosier, qui est une espece d'éponge, attachée à la tige de cet arbre, pour les douleurs de la tête; en poudre, ou en infusion, depuis deux gros jusqu'à quatre.

ROSSOLIS. (le) ou *la Rosée du Soleil.* L'infusion de ses feuilles dans la Migraine.

ROULETTE. (la) *le Clinopodium.* En infusion.

Sa poudre, à la dose d'un demi-gros.

SEIGLE. (le) De la farine de seigle, enfermée dans un linge, mêlée avec partie égale de farine de froment; on y ajoute les sommités d'absinthe, pour appliquer sur le front dans la douleur de tête & le délire.

SERPOLET. (le)

STACHAS *arabique.*

STORAX. (le)

SUREAU. (le) Ses feuilles, échauffées entre deux tuilles chaudes, & appliquées sur le front & les tempes, pour la Migraine.

TABAC. (le)

TACAMAHACA. (le) ou *Gomme tacamaque.* Entre dans les emplâtres céphaliques.

TANESIE. (la)

THYM. (le)

VALERIANE. (la) Sa racine.
Ses feuilles pilées, appliquées extérieurement, appaisent la douleur de tête.

VÉRONIQUE MALE. (la)

VERVEINE. (la) Appliquée extérieurement en cataplasme sur la Tête, en maniere de calotte, pour la Migraine, principalement quand on ressent un froid considérable sur la Tête.

VIOLIER. (le) *le Giroflier jaune.* Ses sommités.

*Animaux dont on se sert pour remédier aux maux de Tête.*

BELETTE. (la) Sa cendre est bonne pour les maux de Tête.

# T O U X,

## R H U M E S, E N R O U E M E N S, C A T A R R E S.

*Plantes qui passent pour être propres dans ces cas.*

ACORUS. (l') ou *Calamus aromatique.* On donne la vapeur de la décoction de ses feuilles, reçue dans la bouche, pour efficace dans les Toux cathérales.

AGARIC. (l') On la croit bonne dans la Toux, dans les Catarres, & principalement dans la pituite.

AMANDIER. (l') L'huile d'amandes douces, mêlée avec partie égale de sirop de capillaire, & sucée à petites doses & à plusieurs reprises, avec un bâton de réglisse émoussé en forme de brosse, est très-bonne pour adoucir l'âcreté d'une Toux opiniâtre, surtout aux enfans.

AUBÉPINE. (l') On vante beaucoup son sirop dans les rhumes.

AVOINE. (l') Sa décoction en forme de gruau, est bonne pour la Toux.

BOUILLON-BLANC. (le) ou *la Mol-ne.* On estime ses feuilles & ses fleurs pour la Toux.

CALAMENT. (le) L'infusion de ses feuilles & de ses fleurs, pour la Toux opiniâtre.

CANELLE. (la)

CAPILLAIRE. (le)

CARTHAME. (le) *le Safran bâtard.*

CATAIRE. (la) *l'Herbe aux chats.*

CENTAURÉE. (la)

CHANVRE. (le)

CHATAIGNIER. (le) La farine de son fruit.

COLTAIN. (le) Sa graine, à la dose de deux gros, jusqu'à demi-once, dans une chopine d'émulsion, pour adoucir la Toux.

CHOUX ROUGE. (le)

CYNOGLOSSE VULGAIRE. (la) Sa racine, dans la Toux convulsive.

DENT DE LYON. (la) *le Pissenlit.* Bouilli dans le lait de vache, &c.

ELLÉBORE NOIR. (l') Sa racine. Il faut être fort & robuste pour en user.

ÉPINARDS. (les)

EUPATOIRE. (l')

FENOUIL. (le) Sa graine féche en poudre, mêlée avec des béchiques, depuis demi-
gros jufqu'à un gros.

L'huile effentielle, qu'on tire par la diftillation de fes graines féches, macérées dans
l'eau. Six gouttes, dans du lait, ou dans une
décoction pectorale.

FÉNUGREC. (le) *la Sénegré.*

FIGUIER. (le) Son fruit, pour le rhume
& la Toux opiniâtre.

Sa farine en décoction.

FRAISIER. (le) La décoction de fa racine,
bouillie avec les raifins fecs, le régliffe, &
un peu de canelle pour la vieille Toux.

GENIEVRE. (le) Ses baies.

GERMANDRÉE. (la) *le Calamandrier.*
Sa décoction, avec un peu de miel écumé,
pris chaudement, comme un bouillon, pour
la vieille Toux, fur-tout pour les tempéramens humides.

GUIMAUVE. (la) Sa racine en pâte, en
tablettes ; fes fleurs en infufion.

HYSSOPE. (l')

IRIS. (l') *de la deuxieme efpece.* Demi-
once bouillie dans un bouillon dégraiffé, y
ajoutant fept à huit écreviffes de riviere, pour
calmer la Toux violente.

JUJUBIER. (le) Son fruit.

LAURÉOLE. (le) L'écorce du garou, qui
eft la troifieme efpece de cet arbriffeau. On

en applique un exutoire au bras ; qui tient lieu de cautere, dans la Toux qui annonce, concurremment avec d'autres fimptômes, le premier degré de Phthifie.

LIERRE TERRESTRE. (le) Sa poudre, avec autant de fuc de la plante détrempée dans fon eau diftillée, à la dofe d'un demi-gros.

LIN. (le) L'huile qu'on en tire.

MACERON. (le) Sa racine.

MAROCHEMIN. (le) *le Marrube blanc.* Son fuc, à la dofe de deux, trois ou quatre onces.

MENTHE. (la) Son infufion & celle de pouillot, avec le fucre & le miel, pour la Toux féche.

NAVET. (le) Sa décoction avec du fucre, fa pulpe, paffée au tamis, & mêlée avec le fucre.

NÉNUFAR. (le) Les racines & les fleurs, en décoction.

OIGNON. (l') Cuit fous la braife, & mangé avec de l'huile & du fucre.

OREILLE D'OURS. (l') Les Efpagnols diftillent, avec toute la plante, une eau qu'ils recommandent pour la toux.

ORIGAN. (l') L'infufion de fes feuilles & de fes fleurs, pour faire cracher, dans les Toux opiniâtres.

ORTIE. (l') Ses racines confites au sucre, pour la vieille Toux.

Son suc.

PARIÉTAIRE. (la) Pour la vieille Toux.

PAVOT. (le) Son sirop, appellé *Sirop de Diacode*, ou *Sirop de Pavot simple*, à la dose d'une demi-once, jusqu'à une once, pour la toux violente & opiniâtre, avec partie égale d'huile d'amandes douces.

PÉTASITE. (la) Sa racine pour la Toux violente.

PEUCEDANE. (le) *la Queue de pourceau.* Le suc qu'on tire, par incision, de sa racine, pour la Toux opiniâtre, on le fait épaissir sur le feu, ou au soleil, ensuite on le réduit en poudre, & on l'incorpore avec du miel blanc, La dose est d'un gros, sur une once de miel.

PIÉ-DE-VEAU. (le) *l'Arum,* Sa racine, pour la vieille Toux.

PIN. (le) Ses pignons.

POLYPODE. (le) Pour la Toux séche.

POULIOT. (le) *la Menthe des marais.* Six onces de sa décoction chaude, avec un peu de sucre, pour l'Enrouement, avant de se mettre au lit.

Son suc, pour la Toux convulsive des enfans.

QUINTE-FEUILLE. (la)

RAVE. (la) Le firop, qu'on fait avec, pour les rhumes opiniâtres. La décoction de fes racines.

RÉGLISSE. (la)

ROQUETTE. (la) La décoction de fes feuilles, avec du fucre, pour les enfans.

ROSSOLIS (le) ou *la Rofée du Soleil.* En infufion, à la dofe de deux gros, en poudre, à celle d'un gros.

SELESTIN. (le) Les féleftes, qui en font le fruit, pour le rhume & la Toux, en décoction légére.

SERPOLET. (le) Son infufion théiforme, dans les vieux rhumes.

STORAX. (le)

TABAC. (le) Le firop qu'on fait avec, pour la toux opiniâtre.

THYM. (le)

TUSSILAGE. (le) *le Pas-d'Ane.*

VALERIANE. (la) Sa racine en ptifane, avec le réglife & le raifin de Corinthe, bue tous les matins à jeun, pour la toux humoral.

VELAR. (le) *la Tortelle.* Pour la Toux & pour l'Enrouement, de gens qui ont prefque perdu la voix; le fuc de la plante, & du fucre.

VÉRONIQUE

VÉRONIQUE. (la)

VIGNE. (la) Les raisins secs dans les ptisanes.

---

# V E N T S.

*Plantes Carminatives, qui passent pour
être propres dans les maladies Ven-
teuses.*

ACORUS. (l') ou *Calamus aromatique.*
Sa racine en poudre, délayée dans du vin
vieux, à la dose d'un gros; on y associe
demi - gros d'écorce d'orange séche, pulvérisée.

AGARIC. (l') Celui qui naît sur le tronc
du mélèse.

AGNUS - CASTUS. (l') Sa semence par
préférence.

AGRIPAUME. (l') ou *la Cordiale.* On
fait un cataplasme avec ses feuilles, pilées &
cuites, & on l'applique sur le bas-ventre; il
résout, dit-on, les humeurs visqueuses, dont
l'effervescence produit les vents.

ALLIAIRE. (l') *l'Herbe aux Aillets.* Ses
feuilles dans les lavemens, pour les douleurs
occasionnées par les vents.

G

AMMI, (l') Sa femence en poudre, à la dofe d'un gros., eft un excellent carminatif.

ANGÉLIQUE, (l') Sa racine.

ANIS, (l') Sa graine,

ARROCHE. (l') Ses feuilles paffent pour diffiper les vents.

AURONE. (l') ou *la Garde-robe*. Elle paffe pour un excellent carminatif.

BOTRYS. (le) ou *le Piment*. Son eau diftillée.

CACHOU. (le) Efpece de gomme formée du fuc d'un arbre des Indes qui s'appelle *Bajou*,

CALAMENT. (le)

CANELLE. (la)

CAROTTE SAUVAGE. (la) Sa femence,

CARTAME. (le) *le Safran bâtard*. Sa graine ; mais elle eft nuifible à l'eftomac.

CARVI. (le) *le Cumin des Prés*.

CHARDON COMMUN. (le) Sa racine.

CONYSE. (la) *l'Herbe aux puces*,

COQ. (le) *l'Herbe au Coq*. Les fommités & les femences.

CORIANDRE, (la) Sa graine,

CUMIN SAUVAGE, (le) Son herbe.

DENTAIRE, (la) Sa racine , on s'en fert rarement.

DRAVE. (la)

FENOUIL. (le) Son ſuc.

L'huile eſſentielle qu'on tire par la diſtillation de ſes graines ſéches, macérées dans
l'eau.

GENIEVRE. (le) Ses baies. Trois ou quatre priſes après le repas.

Son huile eſſentielle, diſſoute dans l'eſprit
de vin bien rectifié, à la doſe de quelques
gouttes, dans une infuſion de thé ou dans du
vin d'Eſpagne.

IMPÉRATOIRE. (l') Sa racine en décoction, à la doſe d'une once, ou en poudre,
à la doſe d'un gros.

LAURIÉR. (le) L'huile qu'on tire de ſes
baies, macérées dans de l'eau, & diſtillées,
à la doſe de trois gouttes, juſqu'à ſix.

LIN. (le) Sa graine, dans les décoctions,
en petite quantité, & légéremeſt bouillie.

LIVECHE. (la) ou *l'Ache de montagne*.
Sa racine.

MACERON. (le) Sa graine, elle entre
dans quelques compoſitions carminatives.

MARJOLAINE. (la) Son eau diſtillée.

MÉLILOT. (le) *le Mirlilot*. Ses feuilles,
& ſes fleurs, avec celles de camomille, en
lavemens. On ajoute quelques gouttes d'huile d'anis.

MUSCADE. (la)

NARD-CELTIQUE. (le) Sa racine.

NOYER, (le) Les zeftes des noix, mis en poudre, à la dofe d'un demi-gros, dans un verre de vin rofé.

ORANGER, (l') L'eau qu'on tire de fon fruit par la diftillation.

ORIGAN, (l') Son eau diftillée.

ORTIE. (l') Un gros & demi de fa femence, en poudre fubtile, prife dans un verre de vin chaud, pour les Vents qui font dans l'eftomac.

ORVALE. (l') *la Toute-bonne.*

PANAIS. (le) Sa femence.

PHALANGERE. (la) En décoction dans du vin.
Elle n'eft plus de mode.

RHUE. (la)

SAFRAN. (le) En général, il feroit dangereux d'en ufer à dofe trop forte.

SAUGE. (la)

SISON. (le) *l'Amome.*

# V E R S.

*Plantes Vermifuges , Anti - Vermi-*
*neufes , Anthelmintiques, qui paf-*
*fent pour être propres contre les*
*Vers.*

ABRICOTIER. (l') L'amande qui fe trouve dans le noyau de fon fruit, eft, dit-on,
un excellent vermifuge.

ABSINTHE. (l') L'huile d'olive, dans laquelle on a fait infufer cette plante. On en
frotte le ventre des enfans, & le nombril,
fur lequel on met du coton qui en eft imbibé.

AGRIPAUME. (l') ou *la Cordiale.* On
prétend qu'elle fait mourir les Vers.

AIL. (l') On le prend intérieurement,
bouilli dans le lait; en lavemens; ou appliqué extérieurement fur le nombril.

ANETH. (l') La plante.

ANGÉLIQUE. (l') Sa racine.

ANGOLAM. (l') *arbre du Malabar.* Le
fuc que l'on tire de fes racines tue les Vers.

ANTHORE. ( l' ) Les habitans du Dau-
phiné fe fervent de fa racine, pour faire

mourir les vers ; mais quelques-uns font en défiance fur cette plante, & difent de ne pas s'en fervir.

ARTICHAUT. (l') Ses feuilles, cuites dans le vinaigre, avec celles de tanefie & d'abfinthe, appliquées en cataplafme fur le bas-ventre, & mêlées avec un peu de mithridate, font capables de tuer les Vers.

AULNÉE. (l') *l'Enula campana.* La fimple décoction de fa racine, dans du vin, prife intérieurement, eft vermifuge.

AURONE. (l') ou *Garde-robe.* On l'a employée avec fuccès comme vermifuge.

BALAUSTRIER. (le) ou *Grenadier.* L'écorce de fon fruit, connue dans les boutiques, fous le nom de malicorium, eft regardée comme vermifuge. Il fe met en poudre, & fe donne depuis un gros jufqu'à deux : ou bien, on le prefcrit en décoction ; & pour lors, fa dofe eft d'une demi-once.

BOIS-D'ALOËS. (le)

CAMÉLEON. (le) *blanc.* Sa racine.

CANNE-DE-SUCRE. (la) *le Sucre rouge,* ou *le Chypre.* A la dofe d'une once, dans les lavemens, aux enfans qu'on foupçonne d'avoir des Vers.

CARLINE. (la) Sa racine.

CATAIRE. (la) *l'Herbe aux chats.*

CHÁMAIRAS. (le) *le Scordium.*

CHARDON BÉNIT. (le) Sa femence feu-
le, ou avec la coralline.

CHICORÉE. (la) *fauvage.* Son fuc, & la
rhubarbe.

CHIENDENT. (le) Son eau diftillée.

CHOU. (le) *rouge.* Sa graine, concaffée,
prife dans du bouillon.

CITRONNIER. (le) Sa femence, fon jus,
avec l'huile d'amandes-douces.

COQ. (le) *l'Herbe aux coqs.* Sa femence.

CORALLINE. (la) Depuis demi-dragme,
jufqu'à une. En bol, avec la conferve d'abfinthe, ou de fleurs d'orange.

CORIANDRE. (la) Sa femence.

COUDRIER. (le) *le Noifettier.* L'huile
qu'on tire de fon bois, par la diftillation ,
*per defcenfum.*

COULEUVRÉE. (la) *la Bryonne.* Ses jeunes pouffes, & fes femences.

FOUGERE. (la) Ses feuilles. On calcine
encore fes racines, & on les donne à la
dofe d'un demi-gros.

FRAXINELLE. (la) Sa racine, infufée.

GENTIANE. (la) *la grande Gentiane jaune.* Sa racine.

GRATIOLE. (la) *l'Herbe à pauvre Homme.* Les feuilles, infufées dans du lait.

HÉLIOTROPE. (l') *la Verrucaire*. La décoction de ses feuilles, avec la semence de cumin.

HYPPOLITHE. (l') *pierre qui se trouve souvent dans la vessie du cheval, ou dans ses intestins.*
On prétend qu'elle tue les Vers.

MATRICAIRE. (la) L'eau où elle a été macérée.
Sa semence.

MENTHE. (la) Son suc.

MILLE-PERTUIS. (le) Son eau distillée; & l'infusion de sa graine.

NIELLE. (la) Sa semence.

NIMBO. (le) *arbre de l'Amérique*. Le suc de ses feuilles, avalé, tue infailliblement les Vers.

NOYER. (le) Les noix séches.
L'huile de noix, distillée sans feu.
Le vin d'Alicante, mêlé avec cette même huile de noix, pour combattre le Vers solitaire; on en a usé avec succès, en ayant pris à jeun, cinq onces d'huile de noix : & deux heures & demi après, quatre onces de vin d'Alicante. Ce remede a été continué pendant quinze jours; le Vers est tombé en dissolution.

ŒILLET. (l') Le ratafiat qu'on fait avec ses fleurs.

OLIVIER. (l') L'huile vierge, tirée de son fruit.

ORANGER. (l') L'écorce d'oranges ameres.

L'huile qui se tire des zestes, & de la peau de l'orange, par le moyen de l'eau & de l'alambic.

L'huile qu'on appelle de petit grain.

PÊCHER. (le) Les fleurs & les feuilles.

Ses feuilles, en cataplasme, mêlées avec de la suie & du vinaigre, appliqué sur le ventre : ses feuilles tendres, en infusion, pour les Vers des enfans, & les accidens qu'ils causent.

Les amandes de son fruit.

PÉRAGRE. (le) *Arbrisseau du Malabar.* Le suc de ses feuilles est un excellent vermifuge.

PÉTASITE. (la) Sa racine pulvérisée.

POLIPODE. (le) Contre le Vers solitaire.

POMMIER. (le) Le suc de la pomme, mêlé avec le safran.

POURPIER. (le)

PTARMIQUE. (la) *de la deuxieme espece*, nommée Eupatoire de Mesné.

L'huile d'olive, dans laquelle on l'a fait infuser. On en frotte le nombril des enfans, avec du coton, & on la laisse quelque tems.

Sa semence est excellente pour tuer les Vers.

Prenez de la corne de cerf, préparée philosophiquement, de la racine de fougere, de chacune deux gros, de la coralline, de la semence contre les Vers, de celle d'eupatoire de Mesné, de chacune un gros, de la myrrhe choisie, du bois d'aloës, des fleurs de soufre, de chacun demi-gros, du sel fixe de nitre préparé, trois gros ; mettez le tout en poudre, & le mêlez, la dose est d'un gros pour les adultes, que l'on fera prendre dans quatre ou cinq onces d'eau de chiendent.

RAPONTIC. (le) Sa racine.

RHUE. (la) Du coton imbibé de son huile, & appliqué extérieurement sur le nombril ; ou ses feuilles fraîchement pilées : on peut même en donner quelques cuillerées intérieurement, à jeun, mêlées dans de l'eau de chiendent, ou de scordium.

L'eau distillée qu'on en tire, depuis une once, jusqu'à quatre.

SABINE. (la) *le Savinier.* Le suc de ses feuilles, mêlé avec un peu de lait, & corrigé par un peu de sucre, une cuillerée de tems en tems.

Son eau distillée.

Ses feuilles, pilées avec le miel, & appliquées sur le nombril des enfans.

SANTOLINE. (la)

SAUGE. (la)

SCROPHULAIRE. (la) *la grande Scrophulaire.* Sa femence, écrafée, & prife à la dofe d'un gros dans du vin.

L'eau où fes racines ont macéré pendant la nuit.

SENEÇON. (le) Son fuc, à la dofe de deux onces.

SOUDE. (la) *le Salicot.*

TALICTRON. (le) *des Boutiques.* Sa femence, écrafée avec la pointe d'un couteau, depuis demi-gros, jufqu'à un gros, dans du vin rouge; ou bien dans une pomme cuite.

TANESIE. (la)

TOQUE. (la) *la Centaurée blanche.* Ses fleurs, à la dofe de deux pincées.

TOUTE SAINE. (la) *l'Androfœmum.*

VALERIANE. (la) Sa racine.

VANILLE. (la) *la grande.*

VIGNE. (la) Le vin, bu le matin, à jeun,

# ULCERES

## ET LEPRES.

*Plantes qui passent pour être propres dans ces maladies.*

ACHE. (l') Son eau distillée, pour les Ulceres invétérés.

ALLIAIRE. (l') *l'Herbe aux Aillets.* Son suc passe pour être extérieurement un excellent remede, pour les Ulceres putrides, ou sordides.

Cette plante extérieurement encore, résiste à la pourriture.

ARGENTINE. (l') Elle convient pour les Ulceres fistuleux.

ARISTOLOCHE. (l') Ses racines ; par préférence, dit-on, celles de la longue, sont propres pour déterger les Ulceres.

On a fait bassiner les Ulceres des jambes, toujours avec succès, avec la décoction de la poudre de cette plante, & celle de véronique.

Les feuilles, en décoction, de la clématite, qui est la troisieme espece de cette plante, ont une grande vertu, appliquées sur les Ulceres.

Sa poudre, mêlée avec l'eau-de-vie, net-
roie parfaitement, & confolide les anciens
Ulceres.

Cette même poudre, parfemée fur les
Ulceres, en fait mourir les vers, & ga-
rentit du fphacele. La décoction fait le même
effet.

BALSAMINE. (la) appliquée extérieurement, elle déterge les vieux Ulceres.

BARDANE. (la) On attribue à fes feuilles la vertu de mondifier les Ulceres.

BÉTOINE. (la) Elle paffe pour être capable de procurer la cicatrice des Ulceres internes.

BRUNELLE. (la) *la petite Confoude.*

BUGLE. (le) *la Confoude moyenne.*

BULBONAC. (le) Ses racines.

CAMELINE. (la) L'huile tirée par expreffion de fes femences.

CHARDON BÉNIT. (le) La poudre de
fes feuilles.

CHARDON MARIE. (le) Son eau, appliquée extérieurement.

CHÉLIDOINE. (la) *l'Éclaire.* Son eau
diftillée.

CHOU. (le) *rouge.* Ses feuilles cuites dans
le vin.

CLÉMATITE. (la) Ses feuilles pilées.

COIGNASSIER. (le) Ses feuilles.

CONSOUDE. (la) *la grande.* Sa racine, pour les Ulceres des reins & de la veffie.

COQUELOURDE. (la) *la Paffe-fleur.* Ses feuilles pilées.

CORNE DE CERF. (la) Son fuc.

CORNUET. (le) *l'Eupatoire d'eau.*

CRESSON. (le) *Alenois.* Ses femences, & fes feuilles, & le fain-doux, extérieurement, pour les Ulceres fordides.

CYNOGLOSSE. (la) *de Provence.* Le fuc exprimé de la plante, mêlé avec du miel & de la térébenthine, pour les Ulceres malins.

CYNOGLOSSE. (la) *vulgaire.* Sa racine, pour les Ulceres internes, & fur-tout pour ceux des proftates, dans la gonorrhée virulente.

DENT-DE-LYON. (la) *le Piffenlit.* Son fuc, pour les Ulceres des mamelles, ceux des jambes, & des parties de la génération.

DIGITALE. (la) *les Gands de Notre-Dame.* Ses fleurs, mifes à volonté, en Mai, dans du beurre de ce mois. On les expofe au foleil pendant l'été ; ou bien on les mêle avec du fain-doux, & on les enfouis en terre, pendant quarante jours. Ce remede, appliqué fur les Ulceres, les cicatrife.

DOMTE-VENIN. (le) Sa racine, en poudre.

ENDORMIE. (l') Le vinaigre, où on a fait tremper fes feuilles une nuit, pour les Ulceres ambulans.

FENUGREC. (le) *le Sénegré.* Sa farine, en décoction, quand il y a Ulceres dans les inteftins.

FRAISIER. (le) Dans quelques pays, on applique fes feuilles fur les Ulceres des jambes.

GALEOPE. (le) *jaune. L'Ortie jaune.* On pile fes feuilles fraîches, & on les applique en cataplafme.

GENIÉVRE. (le) La gomme qu'on tire dans l'Arabie, par incifion du genévrier.

GENTIANE, (la) *la grande Gentiane jaune.* Sa racine, pour dilater les Ulceres finueux.

HELIANTHEME. (l') *l'Herbe d'or.* Sa décoction, dans du vin rouge, pour les Ulceres de la gorge. On y affocie de l'alun.

HÉLIOTROPE. (l') *la Verrucaire.* Pilée & appliquée fur les Ulceres chancreux, & fcruphuleux.

HERNIOLE. (l') ou *Turquette.*

JACÉE. (la) *l'Ambrette fauvage.* Son herbe, & fes fleurs.

ILLECEBRA. (l') On fomente fouvent les parties ulcérées avec fa décoction.

On f.it avec son suc des injections,
trois ou quatre fois le jour, dans l'intérieur des abcès. Cette plante, est une
des plus utiles ici.

JOUBARBE. ( la ) *la grande Joubarbe.*
*L'Artichaut sauvage.* La poudre de ses
feuilles.

LAMIER. (le) *l'Ortie blanche.*

LAMPSANE. (la) *l'Herbe aux mamelles.*
La plante, pilée, & appliquée extérieurement.

Son suc, exprimé, mêlé dans des onguens.

LIERRE-TERRESTRE. (le) Pour les Ulceres internes.

LINAIRE. (la) *le Lin sauvage.* Son suc,
& son eau distillée.

MARGUERITE. (la) *la Paquerette sau-*
*vage.* Ses feuilles mâchées, pour des Ulceres à la bouche, ou sur la langue.

Nouvellement cueillies, on les applique
sur toutes sortes d'Ulceres.

MAROCHEMIN. (le) *le Marrube blanc.*
Pour les vieux Ulceres.

MILLE-FEUILLE. (la) Pour les Ulceres,
tant récens qu'invétérés.

MORS DU DIABLE. (la) Sa décoction,
pour les Ulceres vénériens de la gorge & des
gencives.

NARCISSE. (le) Sa racine, pour nettoyer les Ulceres.

NOSTOCH. (le) Sa liqueur, prise intérieurement, pour les Ulceres invétérés.
Sa poudre, extérieurement.

NOYER. (le) Ses feuilles, leur décoction dans de l'eau simple, pour déterger les Ulceres, en y ajoutant un peu de sucre.

NUMMULAIRE. (la) *l'Herbe aux écus.* Ses feuilles.

ORVALE. (l') Son suc, & ses feuilles séches, trempées quelque tems dans du vin chaud.

PATIENCE. (la) Pilée, & appliquée sur les Ulceres des jambes.

PÉTASITE. (la) Sa racine, extérieurement, pour mondifier les Ulceres.

PEUCEDANE. (le) *la Queue de pourceau.* Sa racine, intérieurement, pour nettoyer les Ulceres.

PIED-DE-VEAU. (le) Ses feuilles pilées.

PIERRE-ASSIENNE. (la) Est propre à guérir les vieux Ulceres.

PIGAMON. (le) *la Rhue des prés.* Sa semence, pulvérisée, pour saupoudrer les Ulceres; elle les mondifie & les desséche.

PIMPRENELLE. (la) Ses feuilles pilées.

PLANTIN. (le) La décoction de ses feuilles, dans de l'eau de chaux, pour les Ulceres des Jambes.

POMME-DE-MERVEILLE. (la) L'huile d'amandes-douces, dans laquelle son fruit a infusé, pour dessécher les Ulceres.

POMMIER. (le) L'eau distillée des pommes pourries, pour les vieux Ulceres malins & putrides.

PRUNELLIER. (le) La décoction de ses feuilles, & de ses racines, pour les Ulceres de la bouche & de la gorge.

QUINTE-FEUILLE. (la) Sa racine, cuite avec du vinaigre, pour les Ulceres corrosifs.

RAVE. (la) Sa racine en cataplasme, dans les Ulceres des Jambes.

REINE DES PRÉS. (la) *l'Ormiere.* La décoction de sa racine, appliquée en cataplasme.

RENOUÉE. (la) *la Traîneuse.* Son suc.

SABINE. (la) *le Savinier.* Sa poudre séche.

SANIELE. (le) En infusion théiforme ; on passe la liqueur ; on y ajoute un peu de sucre, pour les Ulceres internes, accompagnés de fievre lente ; on la coupe aussi avec du lait.

SAPIN. (le) La térébenthine qui en provient.

SCABIEUSE. (la) Pour les Ulceres internes.

SCOLOPENDRE. (la) *la Langue de cerf.* Pour nettoyer les Ulceres.

SCROPHULAIRE. (la) *la grande Scrophulaire.* Le suc de la plante, pour mondifier les Ulceres les plus fétides.

SOUCY. (le) *sauvage.* On applique ses feuilles sur les Ulceres, dont les bords sont calleux.

SOUDE. (la) *le Salicot.*

STATICE. (la) réduite en poudre, à l'extérieur.

TABAC. (le)

TALICTRON. (le) *des Boutiques.* La plante broyée, pour les Ulceres invétérés & malins.

TORMENTILLE. (la) Sa poudre.

VÉRONIQUE. (la) Pour bassiner avec sa décoction, les Ulceres des Jambes.

# U R I N E S.

*Plantes Diurétiques , qui paſſent pour être propres à tempérer les ardeurs de l'Urine, & à faire uriner.*

ABSINTHE. (l')

ACHE. (l')

ACORUS. (l') ou *Calamus aromatique.* Sa racine.

AGARIC. (l') Celui qui naît ſur le tronc du *mélefe.* Pour la rétention d'Urine.

AGNUS-CASTUS. (l') Sa ſemence, par préférence.

AGRIPAUME. (l') *la Cordiale.* En ſubſtance, à la doſe d'un gros dans du vin.

ALIBOUFIER. (l') La réſine qu'on en tire par inciſion, priſe intérieurement.

ALLIAIRE. (l') *l'Herbe aux Aillets.* Fraîche, elle fait uriner.

AMMI. (l') Sa ſemence, à la doſe d'un gros.

ANETH. (l') La plante.

ANGHIVE. (l') Son fruit , contre l'ardeur d'Urine.

ARGENTINE, (l') Elle tempére l'ardeur de l'Urine.

Dans la rétention d'Urine, on fait infuser à froid une once de sa graine broyée, dans une pinte de bon vin blanc ; on remue de tems en tems la bouteille. Au bout de vingt-quatre heures, on peut commencer à en faire usage. Il est bon d'y laisser toujours la graine. On en boit tous les matins à son lever un verre, à jeun, ayant soin de bien remuer la bouteille. Ce remede passe pour un vrai spécifique.

ARISTOLOCHE. (l') Ses racines en poudre, depuis un demi gros, jusqu'à deux ; ou en infusion, jusqu'à demi-once.

ARMOISE, (l') Sa racine, soit dans les ptisanes, soit dans les bouillons & apozêmes.

La même, cuite en pâte, avec du miel, pousse violemment les Urines, sur-tout si on y ajoute du sel végétal ; cette boisson se prend chaude, & il faut en continuer l'usage long-tems.

ARRÊT-DE-BŒUF. (l') Sa racine, & son écorce.

ARTICHAUT. (l') La décoction de sa racine, faite dans du vin.

ASPERGE. (l') *la sauvage* est préférée à la domestique.

AUBE-ÉPINE. (l') On en tire une eau distillée, qui est diurétique.

AULNÉE. (l') *l'Énula campana*. Sa racine facilite l'ouverture des conduits fecrétoires de l'Urine.

Le vin qu'on prépare avec, pris à forte dofe, eft diurétique.

BALZAMINE. (la) Prife en infufion; on la dit être un puiffant diurétique.

BARDANE. (la) Ses feuilles, & fa femence. Tout le monde s'accorde, pour donner cette plante, pour un puiffant diurétique.

Confite, au fucre, elle eft fort vantée dans ce cas.

BAUME. (le) *de Copahu*.

BEC DE GRUE. (le) ou *la Géraine*. La décoction de celle de la deuxieme efpece, dite l'herbe à Robert, mife en fomentation fur la veffie, pour les Urines.

BERLE. (la)

BLUET. (le) Sa décoction convient, fuivant quelques-uns, dans la rétention d'Urine.

BOIS-NÉPHRÉTIQUE. (le) Coupé ou rapé, à la dofe d'une ou deux onces, dans une chopine d'eau.

BOUCAGE. (le) ou *la Pimprenelle blanche*.

BOURACHE. (la) Elle paffe pour exciter les Urines.

BRUIERE. (la) Ses feuilles, & ſes fleurs.

BUGLE. (le) *la Conſoude moyenne.*

CABARET, (le) Sa racine, en poudre, bouillie dans de l'eau ſimple.

CALAMENT. (le)

CAMÉLEON. (le) *blanc. La Corline.* Sa racine.

CAMOMILLE, (la)

CAPRIER, (le) L'écorce de ſa racine.

CAPUCINE. (la)

CARTHAME, (le) Nuit à l'eſtomac.

CERFEUIL. (le)

CERISIER, (le) La queue de ſon fruit.

CHAMAIRAS. (le) *le Scordium.*

CHANVRE. (le) Sa ſemence.

CHARDON COMMUN, (le) Les têtes & les racines.

CHARDON-MARIE. (le)

CHAUSSE-TRAPE. (la) *le Chardon étoilé.*

CHERVIS. (le) *le Chirouis.* Ses racines.

CHEVRE-FEUILLE. (le) Ses feuilles, ſes fleurs & ſes baies.

CHIENDENT, (le) Sa racine.

CITRONNIER. (le) Trois cuillerées d'huile vierge, mêlées avec le jus de son fruit, dans la suppression d'Urine.

Une once de sirop de limon, avec autant d'huile d'amandes-douces, dans quatre onces d'eau de pariétaire, pour la rétention d'Urine.

CITROUILLE. (la) Sa graine.

CONYSE. (la) *l'Herbe aux puces.*

COQUERET. (le) *l'Alkekenge.* Ses fruits dans le vin, ou l'eau, à la dose d'une once.

CORONOPE. (le) *la Capriole.*

COUDRIER. (le) *le Noisettier.* Ses chatons, ses fleurs & ses fruits.

CRESSON. (le) *Alenois.*

CRESSON. (le) *de Fontaine.*

CURAGE. (le) *le Poivre d'eau.* Son herbe, dont on tire une eau distillée ; depuis deux onces jusqu'à trois.

CYNOGLOSSE. (la) *vulgaire.* Sa racine, dans l'ardeur d'Urine.

DENT-DE-LYON. (la) *le Pissenlit.*

DOUCE-AMERE. (la) *la Morelle grimpante.*

ÉCHALOTTE. (l')
EUPATOIRE. (l')

FENOUIL·

FENOUIL. (le) *celui de ta premiere espece.* Sa racine.

L'eau distillée des feuilles de la troisieme espece.

FEVE. (la) L'écorce, & la gousse, infusées dans un verre de vin blanc, à la dose de trois gros.

Le sel qu'on en tire aussi par la lixivation, à la dose d'un scrupule.

FILIPENDULE. (la)

FRAISIER. (le) Ses racines & ses feuilles.

FRAXINELLE. (la)

FRÊNE. (le) Ses feuilles, son écorce, son bois & ses semences.

Le sel alkali, qui se tire des cendres de son écorce.

FUMETERRE. (la) Légérement bouillie dans le petit-lait.

GENIEVRE. (le) L'esprit ardent qu'on tiré de son vin, pris intérieurement.

Son huile essentielle, dissoute dans de l'esprit-de-vin, bien rectifié, à la dose de quelques gouttes, dans une infusion de thé, ou dans du vin d'Espagne.

Son élixir, on en use à la cuillerée.

Son bois, l'huile essentielle que donne sa sciure, macérée long-tems dans l'eau, avec du sel, & distillée.

H

GERMANDRÉE. (la) *le Calamandrier.*
En poudre, en infusion, en décoction, &
en extrait.

GLAIEUL. (le) Sa racine.

GREMIL. (le) *l'Herbe aux poules.* En
émulsion, depuis deux gros, jusqu'à demi-
once, dans une chopine de liqueur appropriée.

Sa semence, concassée, infusée pendant
une nuit, à la dose d'une demi-once.

HERBE AUX CUILLIERS. (l') *le Co-*
*chlearia.*

HERNIOLE. (l') ou *Turquette.* En décoction, ou en infusion, à la dose d'une poignée, dans une pinte d'eau.

En poudre, dans du bouillon, ou dans un
opiate, à la dose d'un gros.

Le vin qu'on fait pendant les vendanges,
avec cette plante, pourvu qu'il n'y ait pas de
calcul formé; car pour lors les personnes
les plus dignes de foi, assurent qu'au lieu
d'adoucir il irrite.

HOUBLON. (le) Ses pousses.

HOUX FRELON. (le) *le petit Houx.* En
ptisane, il fait passer les Urines.

HYSSOPE. (l')

IMPÉRATOIRE. (l') Une poignée de ses
feuilles, fraîchement cueillies, bouillies
dans deux pintes d'eau, pendant un demi-
quart-d'heure.

Demi-once, de fa racine, infufée pendant la nuit, dans une chopine de vin blanc.

GENÊT. (le) *épineux, de la premiere efpece.*

JULIENNE. (la) Elle eft de peu d'ufage.

LARME DE JOB. (la)

LAURIER. (le) Ses baies, fur-tout celles qui viennent des pays chauds.

LICHNIS. (le) *la Lichnide de la quatrieme efpece ; la Gaffe , l'Œillet des champs.* Sa femence.

LIERRE. (le) *terreftre.* Sa décoction, prife matin & foir, avec un peu de fucre, pour l'ardeur d'Urine.

LIN. (le) Sa graine , bouillie légérement , & en petite quantité.

LINAIRE. (la) *le Lin fauvage.* Employé extérieurement.

MACERON. (le) Sa racine, pour la difficulté d'uriner.

MARJOLAINE. ( la ) L'infufion de fes fleurs.

MAROCHEMIN. (le) *le Marrube blanc.* Ses feuilles, en ptifane, avec celles de romarin, de chacunes parties égales : on y affocie de la femence de piffenlit, pour la rétention d'Urine.

MASSE AU BEDEAU. (la) *la Roquette des Champs.*

L'herbe en décoction.

La racine pulvérisée.

MATRICAIRE. (la) Le sirop de ses feuilles, & sa conserve.

MAUVE. (la) Ses jeunes pousses font uriner.

L'infusion de ses fleurs, prise tous les matins, en guise de thé, sans sucre, contre l'ardeur habituelle d'Urine.

MÉLILOT. (le) *le Mirlilot.* Une poignée de ses fleurs, bouillie légérement, dans deux pintes d'eau, avec autant de celles de camomille.

MÉLISSE. (la) Ses feuilles séchées, comme le thé des Indes.

Son eau composée.

MÉLISSE. (la) *sauvage* ou *bâtarde.* Dans la suppression d'Urine, pourvu qu'il n'y ait point d'inflammation ni de fievre.

Ses feuilles coupées, avec la fleur, & séchées à l'ombre, pour la rétention d'Urine. On oint extérieurement alors la région du bas-ventre, avec de l'huile tiéde, dans laquelle un oignon aura cuit.

MELON. (le) Sa graine.

MÉNIANTHE. (la) *le Trefle d'eau.*

MEUM. (le) Sa racine, en poudre. En substance, à la dose d'un gros, dans un

verre de vin blanc : & de deux gros, en
infulion.

MILLE-PERTUIS. (le) Sa décoction.
Son eau diftillée.
Sa graine infufée.

MIRTHE. (le) Le fuc de fes feuilles.

MOUSSE. (la) Celle des vieux pins, des
fapins, & des mélefes, à la dofe d'un demi-gros, dans un verre de vin blanc.

NAVET. (le) Sa femence, à la dofe d'un
gros.

NEFLIER. (le) Son fruit.

NÉNUFAR. (le) Ses racines, & fes fleurs,
pour l'ardeur, & l'âcreté de l'Urine.

NIELLE. (la) Ses feuilles.

NIRUALA. (le) *arbre des Indes*. Le fuc
de fes feuilles, reçu dans un linge, appliqué
fur les aînes, provoque l'Urine promptement.

NOYER. (le) Son fuc.

OBIER. (l') L'eau diftillée de fes fleurs,
pouffe les Urines.

OIGNON. (l') Six onces du fuc de fa racine, & des feuilles de l'oignon, avec un
peu de fon fuc crud.

ORANGER. (l') Le fuc de la bigarade,
mêlé dans un bouillon, ou un verre de vin
blanc.

ORIGAN. (l') L'infusion de ses fleurs.

ORNITHOGALLE. (l')

ORTIE. (l') Ses racines, & ses grappes, & la conserve qu'on en fait.

PALIURE. (le) *le Porte-chapeau.*

PANAIS. (le) Sa semence.

PANICAUT. (le) Ses racines.

PARIÉTAIRE. (la) Son suc.
Sa décoction, & son eau distillée.

PASSE-RAGE. (la) Ses feuilles séches, & réduites en poudre, à la dose d'un gros.

PATIENCE. (la) Sa racine.

PAVOT. (le) *de la troisieme espece,* nommé Cornu. Pour les Urines troubles & épaisses.

PÊCHER. (le) Les amandes de son fruit.

PEIGNE DE VÉNUS. (le) *l'Aiguille.*

PERSIL. (le) Sa semence, celle du chardon bénit, & de genêt, de chacune un gros, pulvérisées, & délayées dans un verre de vin blanc.

PERSIL. (le) *de montagne.*

PÉTASITE. (la) Sa racine.

PEUCEDANE. (le) *la Queue de Pourceau.* Le suc qu'on tire par incision de sa racine, on le fait épaissir sur le feu, ou au soleil, ensuite réduire en poudre, & on l'incorpore avec du miel blanc, à la dose d'un gros, sur une livre de miel.

PEUPLIER. (le) *le blanc.* Son écorce, en décoction.

PIED D'OISEAU. (le) Son herbe, en décoction, ou bien réduite en poudre, infusée dans du vin blanc, à la dose d'un gros, dans six gros de vin.

PIGAMON. (le) Sa racine.

PIMPRENELLE. (la) Infusée à froid, dans de l'eau commune, ou dans du vin, pour la rétention d'Urine.

PISTACHIER. (le) *le Térébinthe.* Son fruit.

POIREAU. (le)

POURPIER. (le)

PRÊLE. (la) *la Queue de cheval.*

PRUNIER. (le) Sa gomme, & celle de son fruit.

PULICAIRE. (le) *l'Herbe aux puces.* L'eau où on a fait infuser pendant la nuit sa graine, pour l'ardeur d'Urine.

PUTIET. (le) *le Cerisier à grappe.* Les amandes qui se trouvent dans les noyaux de son fruit.

ROQUETTE. (la) mangée seule, à l'huile & au vinaigre.

Sa femence, en hiver, au défaut de fes feuilles.

ROSEAU. (le) La décoction de fa racine.

SABINE. (la) *le Savinier*.

SAPIN. (le) La térébenthine qui en provient.

SAUGE. (la)

SAXIFRAGE. (la) Le fel fixe de fes cendres, par la calcination.

Celle de la deuxieme efpece. Sa racine en décoction, ou fon eau diftillée, après l'avoir infufée dans du vin blanc. La dofe eft de trois ou quatre onces.

SCEAU DE NOTRE-DAME. (le) La racine vierge.

SERPOLET. (le) Un gros de fa poudre.

SOLANUM SCANDENS. (le) ou *la Douce-amere*.

Sa partie ligneufe en infufion.

SOUDE. (la) *le Salicot*.

Il faut éviter d'en donner lorfqu'il y a ardeur d'Urine.

STŒCHAS ARABIQUE. (le)

SUREAU. (le)

TALICTRON. (le) Dans la Rétention d'Urine.

TAMARISE D'ALLEMAGNE. (le) On prétend que l'eau, mise dans des barils, faits de son bois, devient diurétique.

THÉ. (le) En infusion avec le miel de Narbonne, pour la Rétention d'Urine.

VALERIANE. (la) *la grande.* Sa racine.

VELAR. (le) *la Tortelle.* Sa graine, à la dose d'un gros, pour la Suppression d'Urine.

VERGE D'OR. (la)

VÉRONIQUE MALE. (la)

VIGNE BATARDE. (la) Pour la Rétention d'Urine, à la dose de quinze grains, jusqu'à trente, en poudre, dans du vin blanc, le matin à jeun.

VIOLETTE. (la) Sa semence.

VIOLLIER. (le) *le Giroflier jaune.* L'infusion d'une poignée de ses feuilles & de ses fleurs, dans une chopine de vin blanc, pour la Rétention d'Urine.

*Animaux dont on se sert pour tempérer les ardeurs de l'Urine, & faire uriner.*

CLOPORTE. ( le ) Sa cendre & son huile.

# YEUX.

*Plantes Ophtalmiques , qui passent pour être propres dans les maladies des Yeux.*

ACACALIS. (l') *Fruit d'Egypte.*

ACHE. (l') Son eau distillée.

ANEMONE. (l') Quelques - uns l'emploient pour déterger les ulceres des Yeux; mais il en faut ménager l'usage.

ARGENTINE. (l') L'eau distillée de cette plante est très-bonne pour la chassie & les ulceres des Yeux.

AULNÉE. (l') *l'Enula-Campana.*
Le vin qu'on fait avec sa racine, a, dit-on, la propriété de fortifier la vue.

BLUET. (le) Toute la plante est en usage pour les maladies des Yeux.

On en tire une eau distillée , qui passe pour éclaircir la vue. Les feuilles sont préférables aux fleurs pour cette eau , qui , en y ajoutant du safran & du camphre, pour la rendre plus active , est vantée par plusieurs pour la rougeur & l'inflammation des Yeux.

On prétend cependant , en accordant à cette plante d'être véritablement ophtalmique, (la propriété la plus réelle que quelques-uns lui croient) qu'il faut employer son suc, préférablement à son eau distillée, qui, dit-on, n'a pas plus de vertu que de l'eau simple. Il ronge peu-à-peu, les taies des Yeux.

BOUCAGE. (le) ou *la Pimprenelle blanche*. Son eau distillée, contre les cataractes.

BRUIERRE. (la) Son eau distillée.

BUGLOSSE. (la) Celle de la sixieme espece.

CAMELINE. (la) Toute la plante.

CARTHAME. (le) *le Safran bâtard.*

CHARDON A FOULON. (le) Son eau distillée.

CHAUSSE-TRAPPE. (la) *le Chardon étoilé.* Son suc.

CHELIDOINE. (la) *la grande Eclaire.* Son suc.

CHEVRE-FEUILLE. (le) L'eau distillée de ses fleurs.

CHOU ROUGE. (le) Son fréquent usage est favorable à la vue ; son suc & celui de rhue, donne un collire très-bon, pour la fistule lacrymale.

COIGNASSIER. (le) Le mucilage qu'on tire de ses pepins, ou semences, avec l'eau de rose, ou de solanum.

COURGE. (la) L'eau diſtillée de ſon fruit, avant ſa maturité, convient dans les inflammations externes des Yeux.

ÉBENE. (l') Sa racine eſt bonne pour les fluxions ſur les Yeux.

EUPHRAISE. (l') Son ſuc, infiltré dans le coin de l'œil, pour la vue même des vieillards ſeptuagénaires, preſqu'éteinte, par différentes études; ou pris intérieurement avec de la poudre de cloportes, à l'entrée du ſommeil.

On la fume deſſéchée, en guiſe de tabac.

FENOUIL. (le) Son eau diſtillée.

La décoction de ſa racine & de ſes feuilles, dans du vin, appliquée ſouvent ſur les Yeux, contre les cataractes.

Sa graine, ſéche en poudre, avec du ſucre, priſe les matins à jeun, pour les maladies des Yeux affoiblis, par les veilles de nuit.

La même, infuſée dans du vinaigre, ſéchée enſuite, & mêlée avec un peu de canelle & de ſucre, pour rétablir la vue preſque perdue, dans les vieillards même de quatre-vingt ans.

On remplit auſſi le creux de la tige de fenouil, encore plantée en terre, avec du ſucre candi en poudre. Il en diſtille le jour ſuivant, une eau merveilleuſe pour éclaircir la vue. On s'en frotte doucement les Yeux.

FENUGREC. (le) *le Senegré.* Le mucilage de ſes ſemences.

FENULLE. (le) ou *Bois gentil, celui de la ſeptieme eſpece.*

Sa racine extérieurement, en forme de ſéton, pour les maladies des Yeux.

La même racine, macérée dans le vinaigre, ou dans une forte leſſive. Un morceau long & arrondi, comme une tente de charpie. On perce l'oreille, & on l'y inſére; on guérit par-là l'inflammation des Yeux, & l'on prévient, le plus ſouvent, la cataracte.

L'écorce du garou à feuilles de lyon, qui eſt la troiſieme eſpece de cet article.

On l'applique ſur le bras, du côté de l'œil malade. Si les deux Yeux le ſont, on fera bien d'en appliquer ſur chaque bras. Il ſuffit alors, de laver les Yeux avec de l'eau froide, ou une décoction légere de mauve; on y ajoutera, ſi l'inflammation eſt forte, huit à dix gouttes d'extrait de ſaturne, ſur quatre cuillerées de décoction.

La même écorce réuſſit, contre les chaſſies humides & ſéches, & larmoyemens habitués, contre les reliquats de la petite-vérole, qui donnent lieu aux maladies des Yeux, chez les enfans.

On fait macérer ſes graines, dans de l'eau de roſe; on les met entre deux linges, & on les applique ſur l'œil affecté.

GAINIER. (le) *l'Arbre de Judée.* Ses semences. On s'en sert rarement.

GENIEVRE. (le) Son agaric ; autrement le champignon qui croît, comme de la mousse, sur l'écorce du genievre, peut servir dans la composition des eaux ophtalmiques.

HYSSOPE. (l') Ses sommités fraîches, ou séches, trempées dans du vin chaud, & mises dans un nouet, appliqué, en fomentation, sur les Yeux, avant de se coucher pour les échymoses.

L'eau, ou la décoction de toute la plante, pour l'inflammation des Yeux.

LAITUE. (la) Son suc, avec du vinaigre nielé, nettoie la chassie des Yeux, & éclaircit la vue.

LAURÉOLE. (le)

MACRE. (la) *la Châtaigne d'eau.* Son suc.

MARGUERITE. (la) *la Paquerette sauvage.* Pour l'inflammation des Yeux.

MÉLILOT. (le) *le Mirlirot.* Pour résoudre les inflammations des Yeux.

MELINET. (le) Son eau distillée.

MIXQUITIL. (le) *Arbre de la nouvelle Espagne.*

On lui attribue des vertus pour les Yeux.

MOURON ROUGE. (le) La plante pilée & appliquée fur les Yeux, dans le cas d'inflammations.

MUFLE DE VEAU. (le) Pour adoucir les fluxions des Yeux.

NOYER. (le) L'eau diftillée, qu'on tire des noix.

Quand le fuc de l'écorce extérieure des noix, appellé *brou de noix*, eft épaiffi, à la confiftance d'extrait ; on en fait diffoudre quelques grains dans l'eau diftillée de ce brou, ou dans quelqu'autre, pour faire un collire, au commencement des Ophtalmies, & Inflammations des Yeux.

ORVALE. (l') *la Toute-bonne.*
Le mucilage qu'on tire de fa graine, par la décoction dans l'eau.

On prétend que, fi on introduit cette graine dans l'œil, elle fait fortir les corps étrangers qui s'y trouvent.

On la mêle avec du miel, pour nettoyer les taches des Yeux.

PLANTAIN. (le) Son eau diftillée ; le fuc de toute la plante, avec l'eau de rofe, & le fucre.

POMMIER. (le) Son fruit, bouilli dans de l'eau de rofe ou d'euphraife, ou dans du lait, appliqué en cataplafme.

Le fuc des pommes fauvages ; on en verfe quelques gouttes dans l'œil.

PRUNELLIER. (le) Le suc qu'on tire par expreſſion de ſes fruits, pour l'inflammation des Yeux.

PULICAIRE. (le) *l'Herbe aux puces.* Le mucilage qu'on tire de ſa ſemence, avec l'eau de roſe, de pourpier, ou de plantain, excellent pour l'Inflammation des Yeux ; on le mêle auſſi, avec celui de la graine de coing, tiré avec l'eau de roſe, ou de plantain, y ajoutant un peu de camphre, & un blanc d'œuf battu.

QUINTE-FEUILLE. (la) Son ſuc extérieurement.

RAISIN DE RENARD. (le) Son eau diſtillée.

RENOUÉE. (la) *la Traîneuſe.*

RHUE. (la) La vapeur de ſa décoction, reçue dans l'œil, par le moyen d'un entonnoir renverſé, ou la plante mâchée par une jeune perſonne, qui en ſouffle l'odeur dans l'œil.

ROMARIN. (le) •

ROSIER. (le) L'eau de ſes fleurs.

ROSSOLIS. (le) *la roſée du ſoleil.* L'infuſion de ſes feuilles.

SALICAIRE. (la) Son eau diſtillée.

SARCOLLE. (la) ou *Colle-Chair.* Macérée dans du lait de femme, ou le lait d'âneſſe. On s'en lave les Yeux.

SCABIEUSE. (la) Son fuc mêlé avec un peu de borax & de camphre, pour emporter les taches blanches qu'on voit fouvent fur la cornée.

SCAMOUNA. (le) *Arbre des Indes.* Le fuc qu'on tire de fes épines coupées, lorfqu'elles font vertes, pour les inflammations des Yeux. Il fortifie la vue.

SCROPHULAIRE AQUATIQUE. (la) Un cataplafme fait avec fes feuilles, broyées, & mêlées avec le miel, & appliqué fur le front, pour arrêter les fluxions des Yeux.

SOUCI SAUVAGE. (le) Son eau pour guérir la rougeur, & l'inflammation des Yeux.

SUREAU. (le) Le champignon qui vient fur lui; on le macere dans de l'eau de rofe, ou d'euphraife, pour l'Inflammation des Yeux.

THÉ. (le) L'infufion de fes feuilles paffe au Japon, pour un fpécifique dans les Maladies des Yeux, pour fortifier la vue.

THYM. (le) Pour les tumeurs des Yeux.

TREFLE DES PRÉS (le) L'eau diftillée qu'on en tire.

On a éprouvé plufieurs fois, avec fuccès, fur-tout pour diffiper la rougeur des Yeux, & en appaifer l'inflammation, l'eau diftillée de l'efpece de trefle, dont les feuilles font marquées d'une tache blanchâtre, en forme de cœur.

VALÉRIANE. (la) Sa racine.

Quelques gouttes de fa décoction, qu'on laiffe tomber dans les yeux, font bonnes pour fortifier la vue.

VELVOLTE. (la) Contre les ulceres & autres Maladies des Yeux.

VERVEINE. (la) Son eau diftillée, pour les Maladies des Yeux, fur-tout lorfqu'il y a inflammations.

VIGNE. (la) La liqueur qui en diftille au printems, après qu'on l'a coupée.

---

# PLANTES,

*Dont les propriétés étant générales, n'offrent point de noms particuliers de maladies.*

---

# APÉRITIVES.

*Plantes qui paffent pour être propres à ouvrir les orifices des vaiffeaux, & à faciliter le paffage des liquides.*

ABSINTHE. (l') Son ufage, s'il étoit trop fréquent, pourroit nuire à la Tête & aux Yeux. Quand on en apperçoit les effets, il faut le ceffer.

ACHE. (l') La racine & les feuilles. Trop d'usage nuit à la vue.

ADONIDE. (la) *l'Adonis.*

AIGREMOINE. (l')

AIL. (l') On se ressouviendra qu'en général, il ne convient pas aux tempéramens chauds, à ceux qui ont une effervescence dans le sang, & une chaleur dans les entrailles.

ALLELUIA. (l') Sa feuille.

ALYSSON. (l') *l'Alysse des montagnes.*

AMANDIER. (l') *les Amandes ameres.*

AMBROISIE. (l')

ANCHOLIE. (l')

ANEMONE. (l')

ANGÉLIQUE. (l') Sa racine.

APOYOMATLI. (l') *Plante de l'Amérique.* Les Espagnols prennent sa feuille en poudre, comme un puissant apéritif.

ARISTOLOCHE. (l') *Celle de la troisieme espece,* appellée *la Clématite.*

ARRÊTE-BŒUF. (l') Sa racine, & son écorce.

ARTICHAUT. (l')

ASPERGE. (l') Sa racine.

ASTRAGALE. (l')

AULNÉE. (l') Le vin qui est préparé avec sa racine.

AZÉDARACH. (l') La décoction de ses feuilles. Son fruit est fort dangereux.

BACILE. (la) ou *la Criste-Marine.*

BALZAMINE. (la)

BARBARÉE. (la) *l'Herbe au Charpentier.* Sa semence.

BARBE DE JUPITER. (la) ou *l'Ebene de Créte.* En décoction.

BECCABUNGA. (le) ou *Véronique d'eau.* En décoction.

BERCE. (la) ou *Branc-Ursine.* Ses racines, & sa semence.

BERLE. (la) Son suc, par préférence à sa décoction.

BLUET. (le) Sa décoction dans de la biere.

BOUCAGE. (le) ou *la Pimprenelle blanche.*

BOULEAU. (le) Ses feuilles, leur suc, & leur eau distillée.

BRUIERE. (la) Ses feuilles & ses fleurs.

BUGLE. (le) *la Consoude moyenne.*

BULBONAC. (le) Sa semence.

CABARET. (le)

CAILLE - LAIT JAUNE. (le) *le petit Muguet.* Le sirop fait avec le suc de ses fleurs.

CALLEBASSE. (la) Sa semence.

CAMPANULE. (la) *les Gands de Notre-Dame.* Sa racine. Elle est de peu d'usage.

CAMPANULE. (la) dite *Raiponce.* Elle ne s'emploie pas.

CANELLE. (la) Elle entre dans les sirops apéritifs.

CAPILLAIRE. (le)

CAROTTE. (la) Sa racine & sa semence.

CAROTTE SAUVAGE. (la)

CATAIRE. (la) *l'Herbe aux chats.*

CERFEUIL. (le)

CERISIER. (le) Les noyaux & les amandes de son fruit, concassées & infusées dans du vin blanc, pendant la nuit, environ deux douzaines, dans trois ou quatre onces de vin.

CETERACH. (le)

CHARDON COMMUN. (le) Sa racine.

CHARDON HÉMORROIDAL. (le)

CHAUSSE - TRAPE. (la) *le Chardon étoilé.*

CHÉLIDOINE. (la) *l'Eclaire.*

CHERVIS. (le) *le Chirouis.* Ses racines.

CHICORÉE. (la) Ses feuilles vertes, surtout de la sauvage.

CHIENDENT. (le) Sa racine.

CHRISTOPHORIANE. (la) *l'Herbe S. Chriſtophe.*

Il faut en uſer avec beaucoup de circonſ-pection, paſſant pour vénéneuſe.

CLANDESTINE. (la) *l'Herbe cachée.*

CONDRILLE. (la)

CONYSE. (la) *la Chaſſe-puce.*

CRESSON DE FONTAINE. (le)

CUPIDONNE. (la) *la Chicorée bâtarde.*

CUSCUTE. (la)

CYTISE. (le) Ses fleurs & ſes ſemences.

DENT DE LYON. (la) *le Piſſenlit.* Ses racines.

DOMPTE VENIN. (le) Sa racine.

ÉCHALOTTE. (l')

ÉCUELLE D'EAU. (l')

ELLÉBORINE. (l') De peu d'uſage.

ÉPINE. (l') *jaune.* Sa ſemence.

ESPATULE. (l') ou *Glaïeul puant.* Sa racine.

EUPATOIRE. (l')

FÉNOUIL. (le) Sa racine.

FEVE. (la) La cendre de ſes tiges, & des gouſſes brûlées.

FILICULE. (la) *la Feugerole*. Légérement Apéritive.

FOUGERE. (la) *femelle*. Sa racine.

FRAISIER. (le) Ses racines, & fes feuilles.

FRÊNE. (le) Ses feuilles, fon écorce, fon
bois & fes femences.

FUMETERRE. (la) Bouillie légérement
dans le petit-lait.

GARANCE. (la) Sa racine.

GAUDE. (la) *l'Herbe à jaunir*. Sa racine, en décoction.

GENÊT. (le)

GENTIANE. (la) *la grande Gentiane jaune*. Sa racine.

GEUM. (le) En décoction.

GIROUILLE. (la) *l'Hériffonnée*. Sa femence.

GRATERON. (le)

GRÉMIL. (le) *l'Herbe aux poules*.

HARICOT. (le) Les cendres de leurs
tiges, de même que leurs gouffes, bouillies
dans une pinte d'eau, à la dofe d'une once.

HERBE AUX CUILLIERS. (l') *le Cochlearia*.

HOUBLON. (le) Ses pouffes.

HOUX-FRELON. (le) *le petit Houx.* A la dofe d'une demi-once, dans la ptifane.

HYSSOPE. (l')

JAPARANDIBA. (le) Efpece de pommier du Brefil.
Ses feuilles font mifes au rang d'un des meilleurs Apéritifs.

IRIS. (l') *de la premiere efpece.* Sa fleur.

IVETTE. (l') Ses feuilles, en décoction, en infufion & en poudre.

LAITRON. (le)

LARME DE JOB. (la)

LICHNIS. (le) *la Lichnide de la quatrieme efpece, dite la Gaffe, ou l'Œillet des champs.* Sa femence.

LICHNIS. (le) *de la onzieme efpece,* appellé le faponaire.

LIERRE TERRESTRE. (le) En décoction, ou en infufion, à la dofe d'une petite poignée.

LOTIER. (le) *des près. Le Trefle jaune.* Sa racine.

MAROCHEMIN. (le) ou *Marrube blanc.* Son fuc, à la dofe de deux, trois ou quatre onces.

MOLY. (le) Sa femence, fa racine.

MOUTARDE. (la) Sa graine.

NAVET.

NAVET. (le) Sa Semence, deux gros concaſſés, & infuſés dans deux verres de vin blanc.

NERPRUN. (le) Le ſirop fait avec ſes baies.

NIELLE. (la) Sa ſemence ſéche, infuſée : fraîche, elle eſt fort nuiſible.

NOYER. (le) L'eau, connue ſous le nom d'eau des trois noix.

ORALE. (l') Sa ſemence.

ORIGAN. (l')

ORTIE. (l') Ses racines, & ſes grappes.

OSEILLE. (l') Sa racine.

PANICAULT. (le) Ses racines.

PARIÉTAIRE. (la)

PATIENCE. (la)

PÊCHER. (le) Les fleurs, & les feuilles.

PERSIL. (le)

PEUCEDANE. (le) *la Queue de Pourceau.* Sa racine.

PIED D'OISEAU. (le)

PIMPRENELLE. (la)

POIREAU. (le) Ses ſemences, & les racines, à la doſe d'un gros, concaſſées, & infuſées dans du vin blanc.

POIS CHICHES. (les) *les rouges.*

POLYPODE. (le)

POULIOT. (le) *la Menthe des marais,*

PRUNIER. (le) Sa gomme, & celle de son fruit,

RAPISTRE. (le)

RAPONTIC. (le) *des Alpes.*

ROSEAU. (le) Sa racine, en décoction,

SABINE. (la) ou *Savinier,*

SAINFOIN. (le)

SAPIN, (le) La térébenthine qui en provient,

SAXIFRAGE. (la)

SCABIEUSE. (la)

SCEAU DE NOTRE-DAME, (le) La racine vierge.

SERPOLET. (le)

SOUCI. (le) *fauvage,* Ses fleurs.

SOUDE, (la) *le Salicot.*

TAMARIS, (le) Le fel lexiviel qu'on tire de fes cendres,

TILLEUL, (le) Ses feuilles,

TOUTE-SAINE. (la) l'*Androfœmum,*

TRIBULE TERRESTRE. (le)

VALÉRIANE. (la) Sa racine,

VERGE D'OR. (la)

VIGNE. (la) La liqueur qui diftile de fes fommités, au printems, lorfqu'on la coupe. Son bois en décoction.

YEBLE. (l') Ses racines, & fon écorce moyenne.

***

# ASTRINGENTES.

*Plantes qui paſſent pour être propres à reſſerrer les parties, & à arrêter les évacuations.*

Alaterne. (l')

ALISIER. (l') Son fruit.

ARBOUSIER. (l') Son fruit & fon écorce.

AUBE-ÉPINE. (l') La pulpe de fon fruit.

AULNE. (l') Son écorce & fon fruit.

AURONE. (l') ou *la Garde-robe.*

BALAUSTIER. (le) ou *Grenadier.* Le firop qu'on fait avec fon fruit.

BEC-DE-GRUE. (le) ou *la Geraine.*

BISTORTE. (la) Sa racine. On l'emploie fraîche ou féche, dans les ptifanes, & apo-fèmes aftringens. On l'affocie ordinairement, à la tormentile. La dofe eft depuis une demi-once, jufqu'à une once, dans trois livres d'eau commune, réduites à deux livres.

On en prefcrit la poudre, depuis un demi-gros jufqu'à un gros, mêlée avec de la conferve de rofes rouge, ou délayée dans quelque liqueur appropriée.

On en ordonne l'infufion depuis deux onces jufqu'à quatre.

BOURSE A PASTEUR. (la) ou *le Tabouret.* On la prefcrit à la dofe d'une poignée, bouillie & infufée dans de l'eau, ou dans du vin rouge.

Son fuc clarifié, à la dofe de quatre ou fix onces, ou les feuilles féches, à la dofe d'un gros.

BUGLOSSE. (la) *celle de la fixieme efpece.*

BUIS. (le) Sa fciure.

BUSSEROLE. (la) *le Raifin d'Ours.* Ses baies.

CAMPANULE. (la) *les Gants de Notre-Dame.* Les feuilles & les fleurs.

CANNEBERGE. (la) Ses feuilles & fes fleurs.

CARROUBIER. (le) *le Carouge.* Ses feuilles.

CENTAURÉE. (la)

CHÊNE. (le) L'écorce, l'aubier, les feuilles, les glands, & les galles, ou tubercules, qui se trouvent sur les feuilles.

CHÊNE DU LÉVANT. (le) Sa noix, dite *Noix de Galle.*

CHIENDENT. (le) Sa racine est légérement astringente.

CHOU-ROUGE. (le)

CINANCHINE. (la) *la petite Garance.*

CISTE DE MONTPELLIER. (le)

COIGNASSIER. (le) Son fruit crud.

CORNE DE CERF. (la)

CORNEILLE. (la) *la Lisimachie.* Son herbe.

CORNOUILLER. (le) Son fruit.

CORRIGIOLE. (la)

COTONNIER. (le) Sa graine.

COUDRIER. (le) *le Noisettier.* Les chatons & les fleurs.
La coque du noyau de son fruit, en poudre.

CRAPAUDINE. (la) Ses feuilles.

CROISETTE. (la) *la Croisée.*

CYMBALAIRE. (la)

CYNOGLOSSE VULGAIRE. (la) Sa racine & ses feuilles.

DELPHINETTE. (la) *le Pié d'Alouette.*

ÉPI D'EAU. (l') ou *Potamogeton.*

ÉPINE-VINETTE. (l') Son fruit & ſes pepins.

FILERIA. (le) Ses fleurs & ſes baies.

FILIPENDULE. (la)

FLÉCHIERE. (la) *la Fléche d'eau.*

FOUGERE FEMELLE. (la) Sa racine.

FRÊNE. (le)

FUSTET DES CORROYEURS. (le)

GESSE. (la) *la Lentille d'Eſpagne.* Ses ſemences.

GIRANDOLE D'EAU. (la)

GUAINIER. (le) *l'Arbre de Judée.* Son fruit ; on s'en ſert rarement.

GUÉDE. (la)

HÉPATIQUE. (l')

HERBE A COTON. (l')

LILAC. (le) Sa ſemence. Sa poudre en décoction ; mais on s'en ſert rarement.

MACRE. (la) *la Châtaigne d'eau.* Son fruit.

MARRUBE AQUATIQUE. (le) *le Licope.*

MEDIUM. (le) Sa racine ; ſa graine eſt au contraire apéritive.

MÉLESE. (le) Ses fruits & ses feuilles.

MICOCOULIER. (le) *le Falabriquier.*
Ses feuilles & ses fleurs.

MOURON ROUGE. (le)

MOUSSE. (la)

MURIER NOIR. (le) Son fruit.

MYRTHE. (le) Ses feuilles & ses baies.
L'eau distillée de ses fleurs.

NEFLIER. (le) Son fruit.

OLIVIER. (l') Ses feuilles & son fruit.

OREILLE D'OURS. (l') Ses fleurs.

ORPIN ROSE. (l') Sa racine.

PANIS. (le) *le Panic.* Sa graine.

PARNASSIA. (le) *la Parnassie.*

PATIENCE. (la) Sa semence en poudre.

PATTE DE LIEVRE. (la) *le Pié de
Lievre.*

PÉCHER. (le) La gomme qui en découle.

PÉDICULAIRE. (le)

PERVENCHE. (la)

PHLOMIS. (le) *le Bouillon Sauvage.*
La plante pilée, & appliquée extérieurement.

PIÉ DE CHAT. (le) *le Pié-Chatier.*

PIÉ DE LYON. (le)

PIGAMON. (le)

PIMPRENELLE. (la)

PIN. (le) Ses feuilles & son écorce. L'eau diftillée de fes pommes.

PISTACHIER. (le) ou *le Térébinthe.*

PLANTAIN. (le)

PLICAIRE. (le) *la Mouffe terreftre.* Sa décoction.

POIRIER. (le) fon fruit.

PRÊLE. (la) *la Queue de Cheval.*

PRUNELLIER. (le) Son écorce & fes feuilles.

PUTIET. (le) *le Cerifier à grappes.*

QUEUE DE SOURIS. (la)

QUINTE-FEUILLE. (la)

RAISIN DE MER. (le) Ses jeunes branches.

RAPONTIC. (la) Sa racine.

REINE DES PRÉS. (la) *l'Ormiere.*

RENOUÉE. (la) *la Traîneufe.*

ROMARIN. (le)

ROSIER. (le) Ses fleurs en cataplafme.

SALICAIRE. (la)

SANIELE. (la) *l'Herbe S. Laurent.*

SAULE. (le) Son écorce, ses feuilles & sa semence.

SORBIER DES OISELEURS. (le) Son fruit, quand il n'est pas mûr.

STATICE. (la)

TORMENTILLE. (la)

TROESNE. (le) Ses feuilles.

VESCE. (la)

VIGNE. (la) Ses bourgeons & ses feuilles. Les pepins des raisins.

---

# DÉTERSIVES.

*Plantes qui passent pour être propres à entraîner les humeurs glutineuses du corps.*

ABSINTHE. (l')

ACANTHE. (l') ou *Branche-ursine.* Ses feuilles.

AIGREMOINE. (l')

ALIBOUFIER. (l') La résine qu'on en tire par incision.

AMANDIER. (l') Les amandes, sur-tout les ameres.

I 5

ANCHOLIE. (l')

ANÉMONE. (l')

ARISTOLOCHE. (l') Les racines des deux premieres especes, & celle de la troisieme.

ARMOISE. (l') On s'en sert quelquefois en fomentation à l'extérieur.

ARRÊTE-BŒUF. Sa décoction, extérieurement employée, est un très-bon détersif.

AULNÉE. (l') *l'Enula-Capana.* Sa racine, extérieurement.

BALLOTE. (la) *le Marrube fétide.* Elle est regardée comme un grand détersif vulnéraire.

BECCABUNGA. (le) ou *la Véronique d'eau.* En décoction.

BÉTOINE. (la) La plante entiere.

BOUCAGE. (le) ou *la Pimprenelle blanche.*

BOULEAU. (le) Ses feuilles, leur suc, & leur eau distillée.

BOURDON. (le) *la Passe-rose.* Ses fleurs.

BUGLOSSE. (la)

BULBONNAC. (le) Sa semence.

CAILLE-LAIT JAUNE. (le) *le Petit Muguet.*

CAMPANULE. (la) *les Gants de Notre-Dame*. De peu d'ufage.

CANNEBERGE. (la) Les fleurs & les feuilles.

CAPRIER. (le) Son fruit.

CAPUCINE. (la)

CERFEUIL. (le)

CHARDON COMMUN. (le)

CHÉLIDOINE. (la) *la grande Éclaire.* Son fuc.

CHEVRE-FEUILLE. (le) Le fuc exprimé de fes feuilles.

CHICORÉE. (la) Ses feuilles vertes.

CHOU. (le) *rouge.*

CONCOMBRE. (le) *fauvage.* Ses feuilles pilées.

CORNE DE CERF. (la)

CRAPAUDINE. (la) Ses feuilles.

CRESSON. (le) *alénois.*

CRESSON. (le) *de fontaine.*

CURAGE. (le) *le Poivre d'eau.* Son eau diftillée.

CYNOGLOSSE. (la) *de Provence.* Ses feuilles.

DENTAIRE. (la) Sa racine. On s'en fert rarement.

DENT DE LYON. (la) *le Piſſenlit.* Son ſuc.

DOMPTE-VENIN. (le) Sa racine, en poudre.

ÉCUELLE D'EAU. (l') Extérieurement.

FAUSSE LISIMACHIE. (la) *le petit Laurier-roſe.*

FENUGREC. (le) *le Senegré.* Sa farine en décoction.

FRAISIER. (le) L'eau diſtillée qu'on fait avec les fraiſes.

FROMENT. (le) Le ſon qu'on en tire.

GENTIANE. (la) *la grande Gentiane jaune.* Sa racine.

GEUM. (le) En décoction.

GLOBULAIRE. (la) *la Marguerite bleue.* Toute la plante en décoction.

HELLÉBORINE. (l') De peu d'uſage.

HYSSOPE. (l')

ILLECEBRA. (l') *la petite Joubarbe.*

LENTILLE D'EAU. (la) En décoction légere.

LICHNIS. (le) *la Lichnide.* La deuxieme eſpece priſe intérieurement, ou appliquée extérieurement.

LIÉGE. (le) Son écorce extérieure, en ſubſtance, à la doſe d'un demi-gros, ou d'un gros en poudre. En décoction ; à la dose de demi-once, jusqu'à une once.

LIERRE. (le) Ses feuilles. Sa racine. L'usage intérieur en est dangereux.

LISERON. (le) *le petit. Le Lizeret.*

LOTIER. (le) *des prés. Le Trefle jaune.* Sa racine.

MARGUERITE. (la) *la grande. La grande Paquerette.*

MAROCHEMIN. (le) *le Marrube blanc.*

MARRUBE. (le) *aquatique. Le Licope.*

MÉNIANTHE. (le) *le Trefle d'eau.*

MIRTHE. (le) L'eau distillée de ses fleurs.

MOSCHATELLINE. (la) *l'Herbe musquée.* Sa racine extérieurement.

NERPRUN. (le) Ses feuilles. On s'en sert rarement.

NID D'OISEAU. (le) Appliqué extérieurement.

NUMMULAIRE. (la) *l'Herbe aux écus.* Ses feuilles.

ŒIL DE BŒUF. (l')

OREILLE DE SOURIS. (l') On ne s'en sert point en médecine.

OROBE. (l') Sa semence.

PARIÉTAIRE. (la)

PAVOT. (le) *de la troisieme espece*, appellé *Cornu.*

PENSÉE. (la)

PHLOMIS. (le) *le Bouillon sauvage.*

PIN. (le) Le gaudron qui en provient.

PISTACHIER. (le) *le Térébinthe.*

POPULAGO. (le) *le Souci d'eau.*

POURPIER. (le) *de mer.*

RAPISTRE. (le)

RAPONTIC. (le) Sa racine.

REINE DES PRÉS. (la) *l'Ormiere.* La décoction de sa racine.

ROSEAU. (le) La décoction de sa racine. Ses feuilles & ses fleurs.

SANIELE. (le)

SAPIN. (le) La térébenthine qui en provient.

SCABIEUSE. (la)

SOULIER DE NOTRE-DAME. (le) On s'en sert rarement.

TABAC. (le) extérieurement.

TALICTRON. (le) *des Boutiques.*

TREFLE DES PRÉS. (le)

TROESNE. (le) Ses fleurs.

VELVOLTE. (la)

VERGE D'OR. (la)
VÉRONIQUE. (la) *mâle.*
VERVEINE. (la)

# RÉSOLUTIVES.

*Plantes qui passent pour être propres à ouvrir les pores, & faire exhaler par une transpiration insensible, les humeurs condensées.*

ABSINTHE. (l') Sa poudre, dans les cata-plasmes résolutifs.

AIL. (l') Ses racines, pilées dans un mor-tier, & réduites en onguent, avec de l'hui-le d'olive, versée peu à peu dessus, font un bon résolutif contre différentes tumeurs.

AMBROISIE. (l') A l'extérieur.

ANAGYRIS. (l') ou *Bois puant.* Ses feuilles passent pour être Résolutives.

ANGÉLIQUE. (l') *sauvage.*

ARMOISE. (l') ou *l'Herbe Saint-Jean.*

AULNE. (l') Ses feuilles vertes, passent pour être résolutives.

AULNÉE. (l') *l'Énula campana.* Sa racine est extérieurement Résolutive.

AURONE. (l') ou *Garde-robe*.

BOIS DE SAINT-LUCIE. (le) ou *Mahaleb*. Sa baie, lorsqu'on la mange.

CALAMENT. (le)

CAMELINE. (la) Sa graine, en cataplasme.

CAPRIER. (le)

CAPUCINE. (la)

CERFEUIL. (le) *sauvage*.

CHANVRE. (le) Ses feuilles & sa graine en cataplasme.

CHARDON HÉMORROIDAL. (le)

CHÉLIDOINE. (la) *l'Éclaire*. Son herbe.

CIGUE. (la) *la grande*. Extérieurement.

CIRCÉE. (la) *l'Herbe de Saint-Étienne*. Cette plante est suspecte.

COQ. (le) *l'Herbe au Coq*.

COULEUVRÉE. (la) *la Brionne*. Sa racine extérieurement.

CURAGE. (le) *le Poivre d'eau*.

CYNOGLOSSE VULGAIRE. (la) La racine & les feuilles en cataplasme.

CYTISE. (la) Ses feuilles appliquées en cataplasme.

DOMPTE-VENIN. (le) Ses feuilles,

ENDORMIE. (l') Extérieurement, ses feuilles, avec le sain-doux.

FENOUIL. ( le ) La poudre de sa graine en cataplasme.

FÉNUGREC. (le) *le Senegré*. Sa farine.

FRITILAIRE. (le) Sa racine.

GEUM. (le) En décoction intérieurement, en cataplasme extérieurement.

GLAYEUL. (le) Sa racine.

HOUX. (le) La décoction de sa racine & de son écorce.

ILLECEBRA. (l') *la petite Joubarbe*.

JUSQUIAME. (la) Ses feuilles, ses fleurs & ses graines extérieurement : intérieurement, c'est un poison.

LAURIER. (le) Ses feuilles.

LENTILLE. (la) Sa farine.

LENTILLE D'EAU. (la)

LIERRE. (le) Sa racine. L'usage, intérieurement, en est dangereux.

LIN. (le) Sa farine.

LINAIRE. (la) *le Lin sauvage*. Extérieurement.

LISERON. (le) *le grand*.

LISERON. (le) *le petit*. *Le Liseret*.

LUPIN. (le) Sa farine en cataplasme.

MACRE. (la) *la Châtaigne d'eau.* Son fruit.

MÉLILOT. (le) *le Mirlilot.*

MÉNIANTE. (le) *le Trefle d'eau.*

MILLE-FEUILLE. (la)

MOSCHATELLINE. (la) Sa racine extérieurement.

MUSCARI. (le) Sa racine appliquée extérieurement.

NÉS-COUPÉ. ( le ) *le faux Pistachier.* L'huile qu'on tire par expression de ses amandes.

NID D'OISEAU. (le) Appliqué extérieurement.

NOSTOCH. (le)

ŒIL DE BŒUF. (l')

OLIVIER. (l') L'huile de son fruit.

ORALE. (l') Sa farine.

ORTIE. (l') En cataplasme.

OSEILLE. (l') Cuite sous la cendre, ou avec du sain-doux.

PARIÉTAIRE. (la)

PATATTE. (la) *la Pomme de terre.* Les feuilles de ses tiges.

PERSICAIRE. (la)

PÉTASITE. (le)

POIREAU. (le)

RAISIN DE RENARD. (le)

RÉSÉDA. (le) Extérieurement en décoction.

RHUE. (la)

ROSIER. (le) Ses fleurs en cataplafme.

SAFRAN. (le) En cataplafme avec le lait & la mie de pain. Cette application, quoiqu'extérieure, peut quelquefois être dangereufe, il ne faut s'en fervir qu'avec précaution.

SCAMMONÉE DE MONTPELLIER (la) Son fuc extérieurement.

SCEAU DE NOTRE-DAME. (le) *La Racine-vierge.*

SEIGLE. (le) Sa farine à l'extérieur.

SENNEÇON. (le)

SUREAU. (le) Ses feuilles bouillies dans du vin rouge.

THIM. (le)

TOUTE SAINE. (la) *Landrofœmum.*

VESCE. (la) Sa farine.

VIGNE. (la) Le vin extérieurement.

YEBLE. (l') Ses feuilles.

# VULNÉRAIRES.

**A**BSINTHE. (l') On lui attribue une vertu vulnéraire.

ACANTHE. (l') Ou *Branche-urfine*.

ACHE. (l')

AIGREMOINE. (l')

ALGUE. (l')

ANCHOLIE. (l') Difent quelques-uns.

ANGÉLIQUE. (l')

ARISTOLOCHE. (l') Ses racines. Ses feuilles, en décoction, appliquées extérieurement.

ARTICHAUT. (l') Sa feuille, pilée avec du fucre, & appliquée fur les plaies, eft vulnéraire.

BARDANE. (la)

BAUME DE COPAU. (le)

BECCABUNGA. (le) ou *Véronique d'eau*.

BEC DE GRUE. (le) ou *la Geraine*.

BENOITE. (la) ou *l'Herbe Saint-Benoît*. Sa racine.

BÉTOINE. (la)

BISTORTE. (la) Sa racine.

BLUET. (le) On regarde fon fuc, pris intérieurement, comme vulnéraire, à la dofe
d'une once, lorfqu'on foupçonne du fang ex-
travafé par quelque chûte.

BOUILLON BLANC. (le) ou *la Molêne.*
Ses feuilles & fes fleurs.

BOURDON. ( le ) *la Paffe - rofe.* Ses
fleurs.

BOURSE A PASTEUR. (la) ou *le Ta-*
*bouret.*

BUGLOSSE. (la)

BULBONAC. (le) Sa femence.

CAILLE-LAIT JAUNE. (le) *le Petit-*
*Muguet,*

CAROTTE. (la) Ses feuilles.

CASSIS. (le)

CENTAURÉE. (la)

CERFEUIL. (le)

CHARDON COMMUN. (le)

CHAUSSE - TRAPE. (la) *le Chardon*
*étoilé.*

CHERVIS. (le) *le Chirouis.*

CHEVRE-FEUILLE. (le) Le fuc exprimé
de fes feuilles.

CHOU ROUGE. (le)

COQ. (le) *l'Herbe au coq.* L'herbe, ses feuilles, ses sommités.

COQUE-LOURDE. (la) *la Passe-fleur.*

CORNE DE CERF. (la)

CORNEILLE. (la) Son herbe.

CORONOPE. (le) *la Capriole.*

CRAPAUDINE. (la) Ses feuilles.

CROISETTE. (la) *la Croisée.*

CUPIDONNE (la) *la Chicorée bâtarde.* Ses feuilles pilées extérieurement.

CYNOGLOSSE DE PROVENCE. (la) Ses feuilles.

CYNOGLOSSE VULGAIRE. (la) La racine, & ses feuilles.

DELPHINETTE. (la) *le Pié d'Alouette.* Est peu d'usage.

DENTAIRE. (la) Sa racine. On s'en sert rarement.

DENT-DE-LYON. (la) *le Pissenlit.*

ÉCUELLE D'EAU. (l') Extérieurement.

EUPATOIRE. (l')

FAUSSE LISIMACHIE. (la) *le petit Rosier-Rose.*

FILERIA. (le) Ses feuilles.

FRAISIER. (le)

FUSTET DES CORROYEURS. (le)

GALÉOPE JAUNE. ( le ) *l'Ortie jaune.*
Ses fleurs en infusion.

GEUM. (le) En décoction, intérieurement. En cataplasme extérieurement.

GLOBULAIRE. (la) *la Marguerite blan-*
*che.*
Toute la plante en décoction, ou en cataplasme, & pilée.

GRASSETTE. (la) *l'Herbe grasse. Le tue*
*brebis.*
Ses feuilles.

GRATIOLE. ( la ) *l'Herbe à pauvre*
*homme.*

GUÈDE. (la)

HÉLIANTHÊME. (l') *l'Herbe d'or.* Ses
feuilles.

HÉPATIQUE. (l')

HERBE A COTON. (l')

HERBE AU PANARIS. (l') L'eau distillée
de ses feuilles & de ses tiges.

HIERACIUM. ( l' ) *la Chiceracée.* Ses
feuilles.

HYSSOPE. (l')

JACOBÉE. (la) *l'Herbe Saint-Jacques.*

IMMORTELLE. (l')

IVETTE. (l') Ses feuilles en décoction, en infusion & en poudre.

LANGUE DE SERPENT. (la) *petite Serpentaire.*

Infusée dans l'huile d'olive, on en fait un excellent baume pour les plaies.

LICHEN-PULMONAIRE. (le) *la Pulmonaire de chêne.* Réduite en poudre.

LICHEN. (le) De la troisieme espece, de la quatrieme & de la cinquieme.

LIERRE. (le) Ses feuilles ; l'usage intérieur en est dangereux.

LIZERON. (le) *le grand.* On s'en sert peu.

MARGUERITE. ( la ) *la grande. La grande Paquerette.*

MARRUBE AQUATIQUE. (le) *le Licope.*

MÉLISSE. (la) Ses feuilles apprêtées comme le thé des Indes.

MÉLISSE SAUVAGE. (la) ou *Bâtarde.*

MILLE-FEUILLE. (la)

MOS CHATELLINE. (la) *l'Herbe Musquée.* Sa racine extérieurement.

MOURON ROUGE. (le)

MUFLE DE VEAU. (le) En décoction.

NERPRUN. (le) Ses feuilles. On s'en sert rarement.

NIMBO.

NID D'OISEAU. (le) appliqué extérieurement.

NIMBO. (le) *Arbre de l'Amérique.* Ses
feuilles mêlées avec le suc de limon.

NOSTOCH. (le)

NUMMULAIRE. (la) *l'Herbe aux écus.*
Ses feuilles.

ŒIL DE BŒUF. (l')

OREILLE D'OURS. (l') Ses fleurs.

OREILLE DE SOURIS. (l') Mais on ne
s'en sert point en Médecine.

ORPIN. (l')

PAVOT. (le) *de la troisieme espece,* appellé *Cornu.*

PEIGNE DE VÉNUS. (le) L'aiguille.

PENSÉE. (la)

PERCE - FEUILLE. (la) *l'Oreille de
Lievre.*

PERSICAIRE. (la)

PERVENCHE. (la)

PETASITE. (le) Sa racine.

PIÉ-DE-CHAT. (le) *le Pié - chatier.*

PIÉ - DE - LYON. (le)

PIGAMON. (le) *la Rue des Prés.*

PLANTAIN. (le)

K

POMME DE MERVEILLE. (la)

POPULAGO. (le) *le Souci d'eau.*

PRÉLE. (la) *la Queue de Cheval.* Appliquée extérieurement.

PRUNIER. (le) Sa gomme, & celle de son fruit.

PUDICULAIRE. (le)

PYROLE. (la)

QUINTE-FEUILLE. (la)

RAPISTRE. (le)

REINE DES PRÉS. (la) *l'Ormiere.*

RENOUÉE. (la) *la Traineuse.*

ROSEAU. (le) Ses feuilles & ses fleurs.

RUBÉOLE. (la) *le Muguet des bois.* En infusion, en guise de thé.

SALICAIRE. (la)

SANIELE. (le)

SANZENEVAVE & SANZENELAHE. (les) *deux Bois de Madagascar,* qui font vulnéraires.

SAPIN. (le) La térébenthine qui en provient.

SCABIEUSE. (la)

SCEAU DE NOTRE-DAME. (le) *la Racine-Vierge.*

SCROPHULAIRE AQUATIQUE. (la)

SOULIER DE NOTRE-DAME. (le) *le Sabot*. Mais on s'en fert rarement.

STATICE. (la)

TABAC. (le) Extérieurement.

TACAMAHACA. (le) *Gomme Tacamaque.*

TALICTRON DES BOUTIQUES. (le)

TORMENTILLE. (la)

TOUTE SAINE. (la) *l'Androfæmum.*

TREFLE DES PRÉS. (le)

VALERIANE. (la)

VELVOTTE. (la)

VERGE D'OR. (la)

VÉRONIQUE MALE. (la)

VERVEINE. (la)

VULNÉRAIRE. (la) On la pile, on l'applique fur les maux.

# ADDITIONS

*à plufieurs Articles de cet Ouvrage.*

### *Article* ASTHME.

ACHE. (l') On a vu mâcher, & avaler avec fuccès, dans l'Afthme humide, fes feuilles pilées.

CHOU ROUGE. (le) Quelques-uns fe font bien trouvés d'en prendre le matin un bouillon.

COULEUVRÉE. (la) ou *la Brionne*. Nous avons omis de dire en en parlant, que fi l'on met fa racine à la cave, on y trouve de l'eau, dont on donne utilement une cuillerée chaque matin, avec quatre gouttes d'efprit de foufre, dans l'Afthme humide.

MILLEGRAINE. (la) *plante gommeufe*. Sa décoction eft excellente pour l'Afthme.

TABAC. (le) Nous devions en dire que rien n'eft auffi fpécifique dans l'Afthme que fon efprit, à la dofe de trois gouttes, jufqu'à douze, dans un verre d'hydromel.

## Brulure.

ROSEAU. (le) Le duvet que fon épi renferme, en cataplafme, avec l'huile d'olive, eft un des meilleurs remedes pour la Brûlure.

## Cancers.

BARDANE. (la) ou *Glouteron*, Ses feuilles ont de grandes vertus pour les Cancers.

NOSTOCH. (le) *efpece de Champignon.* eft très-utile pour les Cancères.

## Coliques.

CUMIN. (le) Sa graine pour les Coliques venteufes.

CYPERUS. (le) ou *Souchet rond.* Sa racine concaffée & bouillie dans du vin blanc, paffée enfuite, eft un reméde des plus affurés pour guérir la colique. On boit le plus chaud poffible.

LIERRE TERRESTRE. (le) L'huile qu'on fait de fa fleur eft excellente pour les Coliques.

SALOP. (le) Il eft bon dans les Coliques billieufes.

## DENTS ou Plantes *Odontiques*.

CHÊNE DU LEVANT. (le) La noix dite *Noix de Galle*, en décoction dans du vinaigre, en gargarifme.

CONSOUDE. (la) *la grande*. On ratiffe la racine, & on met cette matiere gluante fur la toile ou peau, pour l'appliquer fur la tempe du côté de la douleur, la fluxion s'arrête.

CUCA. (la) *Arbriffeau du Pérou*. Ses feuilles fon vantées pour les maux de Dents.

On ne fera peut-être pas fâché d'apprendre par occafion, qu'elles ont la propriété, étant féches, & tenues dans la bouche, de foutenir les ouvriers fans autre nourriture, pendant un jour entier au travail.

FRÊNE. (le) Nous ajoutons à ce que nous en avons déja dit, que l'emplâtre faite avec la cendre de frêne, arrofée de vinaigre, ou eau-de-vie, & le vieux levain, ou la poudre de cantharides mêlée avec ledit levain, & appliquée fur la tempe, fait auffi ceffer la fluxion.

La même cendre d'écorce de frêne, fera d'un plus grand effet encore pour appaifer la douleur des Dents, fi vous en mêlez la groffeur d'un petit pois, avec un peu de votre falive, & que vous appliquiez cette pâte pendant environ un demi-quart d'heure fur la tempe, du côté de la douleur.

---

## DYSSENTERIE.

AZAZIMIT. (l') *Efpece de terre figillée*, &c. paffe pour être fpécifique dans le flux de fang.

COQUERET. (le) *l'Alkekenge.* La plante, foit en tifanne, foit en infufion, à la dofe d'une demi-poignée, ou une poignée, dans une pinte d'eau.

CUDU-PARITI. (le) *fruit d'un arbriffeau Indien du même nom.* Broyé dans l'eau il arrête la Dyffenterie.

CUMANDA-QUACU. (la) *Féve Indienne.* On en fait rôtir une certaine quantité, & on en ufe contre le cours de ventre, ou flux dyffenterique.

ÉGLANTIER. (l') le *Grate-Cul*, qui eft fon fruit, ainfi que fes rofes, font un fpécifique dans la Dyffenterie.

IPÉCACUANHA, (l') *la racine blonde par préférence*, appellée *Béconguille*, ou *Mine d'or.*

A la dofe d'une demi-dragme jufqu'à une dragme & demie, pulvérifée fubtilement. La blanche peut être donnée à une dofe un peu plus forte. Elle pourroit convenir davantage pour les femmes & les enfans. Ce remede un des meilleurs qu'on connoiſſe dans les Dyſſenteries, puiſqu'il guérit les plus vieilles , & celles mêmes où le *rectum* eſt ulcéré par le ſéjour des matieres : ( mais je parle toujours de la racine blonde ) fait ſouvent vomir le malade , ce qui oblige de partager ordinairement la doſe en cinq à ſix parties égales ; & on les donne à heures diſtantes les unes des autres. La racine d'Ipécacuanha noirâtre , eſt beaucoup plus violente. Il faut donc modérer la doſe en s'en ſervant ; & elle ne guérit pas ſi ſurement que la blonde.

KAMINE-MASLA. (la) *Drogue qui ſe forme en Sibérie , ſur les plus hautes montagnes.* Elle eſt excellente pour la dyſſenterie ; mais ſes effets ſont violens.

PÉRAGRE. (le) *arbriſſeau du Malabar.* Sa racine infuſée dans du petit-lait, ou du vin , eſt excellente contre les maladies du ventre.

PIERRE-D'ÉPONGE. (la) La cendre des Eponges ordinaires arrête toutes ſortes de flux l  entériques.

PULMONAIRE. (la)

RHUBARBE. (la) Nous ajoutons à ce que nous avons dit, que l'endroit par où on enfile la Rhubarbe , & dont on ne fait pas d'état, nous a été donné pour un remede afſuré contre le cours de ventre & flux dyſſenterique. On en uſe en poudre, au poids d'un gros dans un verre d'eau-roſe ou de plantain, le matin à jeun.

SALOP. (le) Eſt fort utile dans les Dyſ-fenteries.

SIMAROUABA. (le) ou *Simaruba. Ecorce venue ici pour la premiere fois de Caïenne, en 1713, qu'on croit être le Macer des anciens.* Puiſſant remede dans la Dyſſenterie, en décoction comme du thé. Il ne convient cependant pas dans tous les cas de ces maladies.

---

## ÉPILEPSIE.

GAGATE. (la) Pierre noire qui s'allume au feu.

L'huile qui en ſort eſt bonne contre l'É-pilepſie.

GIROFFLÉE. (la) Sur-tout *la purpurine.* Ses fleurs ſont bonnes pour l'Épilepſie.

PIVOINE MALE. (la) Nous avons manqué à preſcrire ſa racine, à la doſe d'une once juſqu'à deux, bouillie dans une pinte d'hydromel, pendant un quart d'heure.

## ESTOMAC.

CACHOU. (le) Efpece de gomme, formée d'un arbre des Indes, qui s'appelle *Bajou*, &c.

Brut, il eft bon pour l'eftomac. J'ai lu
ailleurs que le Cachou eft d'abord une terre
minérale du Japon ( *terra Japonica, vel ca-
techu* ) compofée enfuite de fuc d'arca,
d'extrait de régliffe, & de calamus aromatique, &c.

CARVI. (le) Sa graine eft bonne pour
l'Eftomac ; elle rend auffi l'haleine agréable.

HISSOPE. (l') La plante en tifanne depuis demi‑poignée jufqu'à une poignée,
bouillie dans une pinte d'eau.

HOUBLON. (le) En guife de thé.

ICHÉRA-MOULI. (l') Racine *des Indes
Orientales*. Extrémement chaude.

Une cuillerée d'eau chaude, où elle a
trempé, guérit prefque fur le champ les plus
douloureufes indigeftions.

LADANUM. (le) ou *Labdanum*. Fortifie
l'eftomac.

LEVESCHE. ( la ) *Plante marécageufe*.
Fortifie l'eftomac.

MÉLIANTE. (la) *Plante d'Afrique*. Sa
liqueur eft ftomachale.

MENTHE. (la)

NALUNG. (le) *Arbriſſeau baccifere du Malabar.*

Sa racine en décoction contre les douleurs d'eſtomac, & le ſuc de ſes feuilles, contre l'indigeſtion.

NUMMULAIRE. (la) l'*Herbe aux Ecus.*

RHEUBARBE. (la) ou *Rhubarbe.* Eſt ſtomachale.

SEBESTEN. (le) *Arbre du Levant.*
Son fruit par extrait eſt bon pour les douleurs d'Eſtomac.

SÉCURIDAQUE. (la) Bonne pour l'Eſtomac.

VANILLE. (la) *Plante d'Amérique.*

Les graines que contiennent ſes gouſses font ſtomachales, mais fort échauffantes.

---

## FIÉVRE.

ANDROSÆMUM. (l') ou *Androſæum.*
*La Toute-ſaine.*

BUGLOSSE. (la) Dans les Fiévres ardentes & inflammatoires, à la doſe d'une ou deux poignées en décoction, ou en bouillon.

CACHOU. (le) Dans les Fiévres billieu-
ses & ardentes, on peut faire sur le champ
une boisson d'une saveur douce, & un peu
astringente, convenable en ces occasions,
en faveur de ceux qui ont une répugnance
pour les ptisannes, avec un gros de cette
substance jetté dans une pinte d'eau.

CENTAURÉE. (la) *la petite*. La plante
en infusion dans les fiévres continues, les
fiévres putrides, la fiévre tierce, la fiévre
quarte, à la dose d'une poignée bouillie dans
une chopine d'eau.

CHAUSSE-TRAPPE. (la) *le Chardon
étoilé*.

Nous avons seulement indiqué en son
lieu, le suc de ses feuilles pour la fiévre.
Nous disons de plus ici, qu'on se sert de
ces mêmes feuilles dans toutes les fiévres
tremblantes, à la dose d'une once, bouillies
dans une demi-chopine d'eau. Le malade
prend cette décoction avant l'accès. C'est
un des meilleurs fébrifuges, & il mérite
de l'emporter sur le kinkina.

CUSCUTE. (la) Guérit la fiévre dans les
enfans.

GAGUEL. (la) *Arbre de la Nouvelle Espagne*.
La figue qu'il produit est fébrifuge.

OXIPETRE. (l') Espece de terre qui se
trouve dans le territoire de Rome.
L'eau de son infusion est employée en

boisson pour modérer la chaleur dans les fiévres ardentes.

POMMIER. (le) La ptisanne faite avec des pommes de rainettes, coupées par tranches est bonne pour les Fiévres mélancholiques.

REINE DES PRÉS. (la) l'*Ormiere.*

En la citant précédemment nous devions indiquer son extrait jusqu'à un gros, qu'on réïtére plusieurs fois s'il le faut. C'est un spécifique pour les Fiévres malignes.

THÉ. (le) On en fait, dit-on, un syrop fébrifuge.

*Animaux dont on se sert dans les Fiévres.*

PUNAISES. (les)
Sept ou huit avalées à l'entrée de l'accès des Fiévres intermittentes.

---

# F O I E.

CHAMEDRIS. (le) Plante bonne pour la Rate & le Foie.

CHARDON-BÉNI. (le) Sa graine à la dose d'un demi-gros, pilée dans un bon verre de vin blanc, ou dans un verre d'eau. Ses feuilles aussi en décoction, à la dose d'une demi-once jusqu'à une once, Remede excellent pour lever les obſtructions du Foie.

HELLÉBORINE. (l') *Arbuſte*. Les feuilles en décoction.

MARIPENDA. (le) *Arbriſſeau des Indes*. Il ſoulage les douleurs du Foie & de la Rate.

PANCRATICUM. (le) *Eſpece de Squile*. On fait du jus de ſa racine des trochiſques bons pour le mal de la Rate.

SAXIFRAGE. (la) On s'en ſert en décoction ou en ptiſanne, depuis deux onces juſqu'à ſix ſur chaque pot d'eau qu'on fait bouillir un quart d'heure.

SINA. (le) ou *China. Racine de la Chine.* On la mêle avec le gaïac & la ſalſe-pareille. pour les maladies du Foie.

On apporte du Pérou une autre racine, qui a le même nom & qui produit les mêmes effets.

---

## G O U T T E,

ANDROSÆMUM. (l') ou *Androſæum*. La toute ſaine.

On la donne pour guérir la Goutte ſciatique.

GAIAC. ( *le Bois de* ) En décoction,

quelquefois en poudre, pour la Goutte sciatique.

Sa gomme a les mêmes effets ; mais elle agit plus fortement. Sa dose est depuis huit grains jusqu'à deux scrupules en substance, ou bien on la met infuser dans du vin blanc.

MOKA. (le) *Plante du Japon.*
On l'applique dans ce pays-là avec le feu comme une espece de cautere pour guérir la goutte.

THLASPI. (le) On l'estime propre pour la guérison des Gouttes sciatiques, pris en poudre au poids d'un demi-gros, le matin à jeun.

---

# HÉMORRAGIES.

ANDROSÆMUM. (le) ou *Androsæum.* La *Toute-saine.*
On prétend qu'elle étanche le sang.

BEDEGAR. (le) autrement *l'Artichaut sauvage,* ou *Épine blanche.*
Sa racine est bonne dans les crachemens de sang.

ÉGLANTIER. (l') Son fruit & ses roses sont bonnes aussi dans le crachement de sang.

## HÉMORROIDES.

BARDANE. (la) ou *Glouteron.*
On attribue à ſes feuilles de grandes vertus pour les Hémorroïdes.

*Baume de l'Amérique , avec la Gomme
Caragne* ou *Caregne. Souverain
pour les Hémorroïdes.*

On prend , térébenthine fine demi-once,
liquidambar trois onces , tacamahaca , caragne , de chaque deux onces ; maſtic , mir-
rhe , aloës , encens , ſang-de dragon , ſarcol-
le , de chaque un gros & demi.
On fait liquéfier les gommes ſur le feu , &
après on y incorpore les poudres.

## HYDROPISIES.

BRUIERE. (la) Sa racine en ptiſane, ou
dans du vin blanc , infuſée à la doſe d'une
demi-once juſqu'à une once, ſur chaque pinte de liqueur.

CHARDON A BONNETIER. (le) Sa
racine dans l'Hydropiſie du bas-ventre à
la doſe de demi-once juſqu'a deux onces.

ELLÉBORE NOIR. (l') Sa racine depuis
un ſcrupule juſqu'à un gros, en infuſion

dans l'Hydropifie. Ce remede demande de la force dans le fujet.

MÉNIANTHE. (la) ou *Trefle d'eau.* En décoction, ou en poudre, à la dofe d'une dragme, on en ufe trois fois par jour.

PANCRATICUM. (le) *efpece de Squile.* On fait du jus de fa racine, des trochifques pour l'hydropifie.

THÉCA. (le) *Chêne des Indes.* On fait de fes fleurs un fyrop vanté dans l'hydropifie.

VALÉRIANE. (la) Cette plante convient dans l'Hydropifie.

---

## JAUNISSE.

CHARDON A BONNETIER. (le) Sa racine depuis demi-once jufqu'à deux onces.

MÉNIANTHE. (la)

PIERRE. (la) *qui croît dans le fiel du taureau.*
On s'en fert contre la jaunifse.

SAXIFRAGE. (la) En décoction, depuis deux onces jufqu'à fix.

---

PEAU. ( *les Maladies de la* )

ACCAJOUX. (les) ou *Cajoux,* ou *Ana-*

*cardes antartiques.* Elles contiennent autour de leurs amandes, une huile noire & caustique, qui ôte les taches de rousseur du visage.

BELLA-DONA. (la) Son suc embellit la peau.

CHEVRE-FEUILLE. (le) Sa graine & ses feuilles effacent les taches de rousseur.

IRIPA. (l') *Arbre du Malabar.* Ses feuilles bouillies dans l'urine de vache, guérissent toutes les maladies de la peau.

MALLEA-MOTHE. (le) *Arbre du Malabar.* Ses feuilles frites dans l'huile de palmier, sont excellentes pour différentes maladies de la peau, & elles font même un bon liniment pour les pustules de la petite vérole.

MYAGRUM. (le) *Herbe puante,* que les mouches évitent pour cela; elle vient parmi les bleds.

Sa graine pilée rend une huile qui adoucit la peau.

PÉRAGRE. (le) *Arbrisseau du Malabar.* La poudre de sa racine desséche les pustules de la peau.

SAPONAIRE. (la) Elle emporte les taches de la peau.

## PIERRE.

BOIS NÉPHRÉTIQUE. (le) *Arbriſſeau de la nouvelle Eſpagne.* Il donne à l'eau dans laquelle il eſt trempé, la vertu de nettoyer les reins & la veſſie.

CERISIER. (le) La gomme du Ceriſier paſse pour briſer la pierre dans la veſſie.

CHEVREFEUILLE. (le) Ses fleurs & ſes feuilles paſsent pour rompre les pierres des reins.

MÉNIANTHE. (la) En décoction ou en poudre, à la doſe d'une dragme. On en uſe trois fois par jour.

PAREIRA-BRAVA. (la) *Racine du Bré-ſil.* Sa poudre priſe dans du vin a une merveilleuſe vertu pour la Pierre.

PIERRE JUDAIQUE. (la) On vante ſa vertu pour la Pierre de reins.

THLASPI. (le) Il paſse pour diſsoudre les calculs, en poudre, à la doſe d'un demi-gros à jeun.

TORDILE. (le) Sa racine eſt propre à chaſser tout ce qu'il y a de nuiſible dans le corps, ſans en excepter la Pierre.

## PLAIES.

CAOBÉTINGUE. (le) *Herbe du Bréfil.* Sa racine & fes feuilles pilées enfemble confolident les plaies.

CORNOULIER. (le) ou *Cornier.* Ses feuilles defséchent les plaies.

GABUANDE. (le) *Arbre du Bréfil.* Son baume eft excellent pour les plaies.

HERBE DE SAINTE-BARBE. (l') On en compofe un baume fpécifique pour les plaies & les bleffures, en la pilant & la mettant dans de bonne huile d'olive pendant un des mois de l'été.

## POITRINE.

COQUELICO. (le)

MÉNIANTHE. (le) En décoction ou en poudre à la dofe d'une dragme, à prendre trois fois par jour.

MILLE-GRAINE. (la) *Plante gommeufe.* Bonne pour la poitrine.

SAGOU. (le) ou *Jagu. Grand arbre de l'île Ternate.* La moëlle de l'extrémité de fa tige, fournit une efpece de farine, dont les habitans compofent les grains durs & menus que nous nommons auffi *Sagou.*

Son ufage, fur le compte duquel je fuis bien aife de dire en pafsant, qu'on eft devenu peut-être trop indifférent, eft cependant, ce qu'il peut y avoir de plus favorable pour les poitrines foibles.

Jaloux de rappeller le fouvenir de cette farine fi utile, comme il ne laifse pas d'y avoir du choix à faire dans fon achat, je crois fervir le public en l'inftruifant que j'ai eu occafion de favoir qu'un des plus excellens Sagoux, qui foient dans Paris, fe trouve *au Magafin d'Italie, chez M. Rouget, Epicier, rue des Prouvaires*. Il vend aufli ce même *Sagou*, pulvérifé aufli fin qu'il fe puifse, & pafsé au tamis de foie, dont on peut retirer de grands avantages. On en peut compofer des chocolats & faire des crêmes, que les Médecins les plus expérimentés confeilleront toujours (*).

SALOP. (le) ou *Salep*. Très-utile également dans les maux de poitrine. On trouve *au même magafin d'Italie,* cette poudre la plus parfaite qui foit.

SINA. (le) ou *China. Racine de la Chine.* Bonne pour la poitrine.

---

(*) *Ce Marchand reçoit chaque année ce Sagou, tout nouveau, tant de la Compagnie des Indes de France, que de celle de Hollande. J'ajoute encore que fon ufage convient aufli bien aux perfonnes qui jouifsent de la meilleure fanté, qu'à celles qui ont les poitrines les plus délicates.*

## TÊTE. ( *les maux de* )

CAMPHRE. (le) Il eſt céphalique ; mais il faut obſerver qu'il eſt dangereux pour les femmes groſſes.

CARYOPHILATTE. (la) Bonne pour les maux de tête.

DOUCE-AMERE. (la) *la morelle grimpante , Solanum ſcandens.* Son jus eſt excellent pour les chaleurs de tête.

GOMME CARAGUE. (la) ou *Caregue , &c.*

Nous ajoutons à ce que nous avons dit à l'article de cette gomme , qu'appliquée en emplâtre ſur la tête, elle eſt un bon remede pour rabattre les vapeurs qui montent au cerveau , & pour appaiſer les maux de tête.

*Animaux dont on ſe ſert dans les Maux de tête.*

CLO - PORTE. (le) Sa cendre & ſon huile.

## TOUX.

ABLAB. (l') *Arbriſſeau d'Egypte.* Il porte une féve vantée contre la Toux.

COQUELICO. (le) En infuſion théiforme, avec la fleur de molêne, &c.

NUMMULAIRE. (la) Bonne dans la Toux
féche & convulſive.

---

## VERS.

AGIAHALID. (l') *Arbre d'Egypte.* Ses
feuilles font mourir les Vers.

BÉDÉGAR. (le) l'*Artichaut fauvage,*
ou *Épine blanche.* Sa graine eſt bonne en
breuvage pour les convulſions des enfans
que les Vers occaſionnent, ou autres cauſes.

CALAMENT. (le)

FABAGO. (le) *Plante amère d'Italie.*
Qui eſt une eſpece de *pepelus* : elle eſt fort
vantée contre les Vers.

RHEUBARBE. (la) ou *Rhubarbe.* Eſt vermifuge.

---

## ULCÈRES.

CUCA. (le) *Arbriſſeau du Pérou.* On le
vante pour les Ulcères.

ÉGLANTIER. (l') Son fruit, le gratte-cul.

GALACTITE. (la) *Pierre d'Allemagne,*
qui étant réſolue en humeur prend une cou-
leur de lait, & eſt bonne pour les Ulcères.

JUSQUIAME. (la) En cataplaſme. On ne
s'en ſert pas intérieurement.

SALIGOT. (le) l'herbe cuite dans du vin miellé, est excellente pour les Ulcères.

SÉBESTEN. (le) *arbre du Levant*. On fait de son fruit un cataplasme, très-bon pour les Ulcères.

---

## URINES.

ABLAB. (l') *Arbrisseau d'Égypte*. Sa féve est vantée contre les rétentions d'Urine.

BRUIERE. (la) Outre ses feuilles & ses fleurs que nous avons déja conseillées, sa racine est encore excellente pour les difficultés d'uriner.

CAMPHRE. (le) Il est diurétique. A se ressouvenir qu'il est dangereux pour les femmes grosses.

CARVI. (le) Sa graine est diurétique.

LIVÈCHE. (la) ou *Ache de montagne*. Sa racine excite l'Urine.

PARÉIRA-BRAVA. (la) *Racine du Brésil*. Excellent diurétique.

---

## YEUX.

DOUCE-AMERE. (la) *Morelle grimpante, &c.* Son jus est excellent pour les inflammations des Yeux.

GALACTITE.

GALACTITE. (la) *Pierre d'Allemagne,* &c. Elle convient pour les Yeux.

IBIBIRABA. (l') *Arbre du Bréfil.* Ses feuilles diftillées rendent une eau merveilleufe pour les Yeux.

NANDI-ERVATAN. (le). *Arbriffeau des Indes Orientales.* Son fuc mêlé avec de l'huile, pour les maladies des Yeux.

SASSENAGE. (la pierre de ) Elle s'abreuve de la férofité de l'œil, & elle entraîne avec elle tout ce qui s'y trouve d'impur.

TITYMALE. (le)
Nous avons pafsé fous filence à fon article que fa racine eft fort en ufage pour les maux des Yeux en perçant l'oreille, & paffant un petit morceau de cette racine dedans; elle attire les humeurs qui peuvent tomber fur les Yeux.

*Animaux dont on fe fert pour les maux des Yeux.*

URANOSCOPE. (le) Poiffon de mer dont le fiel eft propre à nettoyer la vue; il s'emploie même pour les cataractes des Yeux.

L

## PLANTES. APÉRITIVES.

IPÉCACUANHA. (l') ou *Béconguille*, ou *Mine d'or*. Le blond. Cette racine est apéritive.

MÉDIUM. (le) Sa graine. Sa racine est au contraire astringente.

## ASTRINGENTES.

AAVORA (l') *Fruit étranger*. L'amande de son noyau est astringente.

## RÉSOLUTIVES.

CUMANDA QUACU. (la) *Féve Indienne*. Bouillies, elles sont résolutives, en cataplasme.

XALANE. (la) *Racine étrangere*. On en fait un syrop vanté pour évacuer les humeurs.

XIPHION (la) *Plante d'Espagne*. Ses racines sont émollientes & résolutives.

XIRIS, (la) *Plante commune en Italie*. Elle est résolutive.

## VULNÉRAIRES.

HERBE MOLUCANE. (l') *Plante de la nouvelle Espagne.* Sa seconde écorce & ses feuilles, sont estimées un des plus puissans Vulnéraires.

NIMBO. (le) *Arbre de l'Amérique, &c.* Ses feuilles mêlées avec du jus de limon, font un admirable Vulnéraire extérieurement.

---

*Remede que le Roi a acheté contre le Vers Solitaire, dont nous avons omis de donner la recette.*

ON doit manger la veille une bonne panade, faite avec beaucoup de beure frais.

Le lendemain il s'agit de prendre un bol fait avec douze grains de panacée mercurielle, vingt grains de scammonée d'Alep, & vingt grains de poudre de racine de fougere mâle, incorporés dans la conserve de rose.

La boisson doit être une tisane faite avec la racine de fougere infusée.

Si le remede n'opere pas la premiere fois, il faut le répeter un jour après.

L 2

# TABLE ALPHABÉTIQUE

*Des Plantes contenues dans l'Agenda de santé, dans laquelle leurs différentes propriétés font réunies à l'article de chacune, fuivant ce qui en eft dit aux maladies qui y font traitées.*

## A

## B

Cancers. — Et les Hémorroïdes. *Voyez* pages 17, 46, 61, 69, 102, 111, 157, 166, 212, 221, 232.

BASILIC. (le) Est béchique. — Et céphalique, 112, 132.

BAUME DE COPAHU. (le) ou *Capau.* Est anti-dyssentérique. — Diurétique. — Et vulnéraire, 28, 166, 212.

BAUME DE L'AMÉRIQUE. (le) Pour les Hémorroïdes, 232.

BDELLIUM. (le) Celui appellé *Saracénic.* Est lithonphtrique, 102.

BECCABUNGA. (le) ou *Véronique d'eau.* Pour les Hémorrhoïdes. — Est anti-scorbutique. — Apéritif. — Dérersif. — Et vulnéraire, 77, 126, 188, 202, 212.

BEC DE GRUE. (le) ou *la Geraine.* Pour les Cancers. — Est anti-dyssentérique. — Pour les Hémorragies. — Les Hydropisies. — Est diurétique. — Astringent. — Et vulnéraire, 11, 29, 69, 82, 166, 195, 212.

BÉDÉGAR. (le) ou *Artichaut sauvage,* ou *Épine blanche.* Pour les Hémorragies. — Et est vermifuge, 231, 239.

BEIDEL-OSSAR. (le) ou *Beidelfar.* Plante d'*Égypte,* pour les maladies de la peau, 96.

BELLADONA. (la) ou *le Bouton noir.* Pour

BLUET. (le) Est hépatique. — Pour la Jaunisse, est diurétique. — Ophtalmique. — Apéritif. — Et vulnéraire. *Voyez pages* 57, 91, 166, 178, 188, 213.

BOIS D'ALOÈS. (le) Est stomachique. — Emmenagogue. — Céphalique. — Et vermifuge, 40, 119, 133, 150.

BOIS DE SAINTE-LUCIE. (le) ou *Mahaleb*. Est résolutif, 208.

BOIS NÉPHRÉTIQUE. (le) *Arbrisseau de la Nouvelle Espagne*. Est diurétique. — Et lithonphtrique, 166, 235.

BONDUC. (le) Est stomachique. — Et lithonphtrique. — 40, 102.

BOTRYS. (le) autrement *le Piment.* Pour l'Asthme. — Est lithonphtrique. — Emménagogue. — Et carminatif, 2, 102, 118, 146.

BOVISTE. (la) *la Vesse de Loup.* Pour les Hémorragies, 70.

BOUCAGE. (le) ou *la Pimprenelle blanche.* Pour les maladies de la peau. — Est lithonphtrique. — Emmenagogue. — Anti-scorbutique. — Diurétique. — Ophtalmique. — Apéritif. — Et détersif, 96, 102, 119, 127, 166, 179, 188, 202.

BOUILLON BLANC. (le) ou *la Molène.* Pour les Coliques. — Est anti-dyssentérique. — Pour la Goutte. — Les Hémorrhoïdes. — Les maladies de la Peau. — Les

brifuge. — Pour les Hémorragies. — Les plaies. — Est anti-scorbutique. — Céphalique. — Et pour les Ulceres. *Voyez pag.* 46, 70, 107, 127, 133, 157.

BRYONE. (la) ou *la Coulevrée.. La Vigne blanche.* Renvoyée à la *Couleuvrée.*

BUGLE. (la) *la Confoude moyenne.* Est anti-dyssentérique. — Pour les Hémorragies. — Les Plaies. — Les Ulceres. — Est diurétique. — Et apéritive, 30, 70, 107, 157, 167, 188.

BUGLOSSE. (la) Est anti- dyssentérique. — Anti-épileptique. — Pour les Hémorragies. = Les Plaies. — Est ophtalmique. — Astringente. — Détersive. — Vulnéraire. — Et fébrifuge. — *Voy. les especes, p.* 30, 35, 70, 107, 179, 196, 202, 213, 227.

BUIS. (le) Est odontique. — Anti-épileptique. — Et astringent, 25, 35, 196.

BULBONAC. (le) Est anti-épileptique. — Pour les Hémorrhoïdes. — Les Ulceres. Est apéritif. — Détersif. — Et vulnéraire, 35, 77, 157, 188, 202, 213.

BUPHTHALME. (le) ou *Cacle.* Pour la Jaunisse, 91.

BUSSEROLE. (la) *le Raisin d'Ours.* Pour les Colliques. — Est lithonphtrique. — Béchique. — Et astringent, 17, 102, 112, 196.

## C

, ou *Carline* , ou *Caraline blanche*. Eſt emménagogue. — Vermifuge. — Et diurétique. *Voyez pages* 119, 150, 167. ( Employée par erreur à la page 150, ſous les noms de *Caméléon* , & de *Carline*, qui ne font qu'une mêmre plante; & par erreur auſſi page 167, ligne 6, au lieu de *Carline*, *Corline*. )

CAMÉLINE. (la) Pour les maladies de la peau. — Les Ulceres. — Eſt ophtalmique. — Et réſolutive, 97, 157, 179, 208.

CAMOMILLE. (la) Pour les Coliques.— Eſt fébrifuge. — Pour la Goutte. — Les Hémorrhoïdes. — Eſt emmenagogue.— Et diurétique, 17, 47, 62, 78, 119, 167.

CAMPANULLE. (la) ou *la Digitale*. *Les Gands de Notre-Dame*. Eſt anti-épileptique. — Pour les Plaies. — Les Ulceres. — Eſt apéritive. — Aſtringente. — Et déterſive, 35, 108, 158. *Digitale*, 189, 196, 203. *Campanulle*.

CAMPANULLE. (la) dite *Raiponſe*. Eſt apéritive, 189.

CAMPHRÉE. (la) Pour l'Aſthme. — Et l'Hydropiſie, 2, 82.

CAMPHRE. (le) Eſt céphalique. — Et diurétique, 238, 240.

CANNE A SUCRE. (la) Eſt béchique.—

la même plante fous deux noms différens.
*Voyez pages* 150 *, l'erreur.*

CAROTTE. (la)  pour les Cancers. --- Les
Coliques, --- Eft anti-épileptique. --- Stomachique. --- Lithonphtrique. --- Béchique. --- Emménagogue. --- Carminative.
Apéritive. --- Et vulnéraire. *Voyez les ef-*
*peces,* 12, 17, 35, 40, 102, 112, 119,
146, 189, 213.

CAROUBIER. (le) ou *Carroubier, le Carou-*
*ge.* Eft béchique. --- Et aftringent, 112,
196,

CARTHAME. (le) *le Safran bâtard.* Pour
l'Afthme. --- Les Coliques. --- Les Hydropifies. --- La Jaunifse. --- Eft béchique. ---
Pour la Toux. --- Eft carminatif. --- Diurétique. --- Et ophtalmique, 3, 17, 82,
90, 112, 140, 146, 167, 179.

CARVI. (le) *le Cumin des prés.* Pour les Coliques. --- Eft carminatif. --- Stomachique. --- Et diurétique, 17, 146, 226,
240.

CARYOPHILLATTE. (le) Eft céphalique,
238,

CASSIS. (le) Eft ftomachique. --- Et vulnéraire, 40, 213.

CATAIRE. (le) *l'Herbe aux Chats.* Pour
L'Afthme. --- La Jaunifse. --- Eft béchique. --- Emménagogue. --- Pour la Toux,

Toux. --- Eſt diurétique. --- Et réſolutif. *Voyez pages* 7 , 91 , 140 , 167 ,
208.

CHARAMCIS. (le) *Arbre du Canada.* ( Par
erreur *Charameis* , pag. 3 , lig. 12. & pag.
47 , lig. 8. ) Pour l'Aſthme. --- Et eſt fébrifuge , 3 , 47.

CHARDON BÉNI. (le) Eſt fébrifuge. ---
Pour les Hémorragies. --- Eſt anti-ſcorbutique. --- Céphalique. --- Vermifuge. ---
Pour les Ulceres. --- Et eſt hépatique , 47,
70 , 128 , 133 , 151 , 157 , 229.

CHARDON - BONNETIER. (le) Pour les
Hydropiſies. --- Et la Jauniſse , 232 , 233.

CHARDON COMMUN. (le) ou *Chardon
à Foulon.* Eſt carminatif. --- Diurétique.
---Ophtalmique. --- Apéritif. ---Déterſif.
--- Et vulnéraire , 146 , 167 , 179. *Chardon à Foulon* , 189 , 203 , 213.

CHARDON A FOULON. ( le) Voyez *Chardon commun* , ci-deſsus.

CHARDON HÉMORROIDAL. (le) Pour
les Canceres. --- Eſt apéritif. ---Et réſolutif , 13 , 189 , 208.

CHARDON - MARIE. (le) Pour les Cancers. --- Les Coliques. --- Eſt fébrifuge.
Pour les Hydropiſies. --- La Jauniſse. ---
Les Ulceres. --- Et eſt diurétique , 13 , 18,
47 , 82 , 91 , 157 , 167.

CHATAIGNIER. (le) Eſt anti-dyſentéri-

CHICORÉE. (la) *la sauvage.* Est fébrifuge. ---Pour la Goutte. --- La Jaunisse. --- Est vermifuge. --- Apéritive. --- Et détersive. *Voyez pages* 47, 62, 91, 151, 189, 203.

CHIENDENT. (le) Est vermifuge. --- Diurétique. ---- Apéritif. ---- Et astringent, 151, 167, 190, 197.

CHIROUIS. (le) *le Chervis.* Renvoyé à Chervis.

CHOU-ROUGE. (le) Pour les Cancers. ---- La Goutte. ---- Est béchique. ---- Antiscorbutique. --- Pour la Toux. ---- Est vermifuge. --- Pour les Ulceres. --- Est ophtalmique. --- Astringent. --- Détersif. ---Vulnéraire. ----Et pour l'Asthme, 13, 62, 112, 128, 140, 151, 157, 179, 197, 203, 213, 220.

CHRISTOPHORIANE. (la) l'*Herbe Saint-Christophe.* Est apéritive, 190.

CI UE. (la) *la grande.* Pour les Cancers. G est résolutive extérieurement, 13, Et .

CINANCHINE. (la) *la petite Garence.* Est astringente, 197.

GIRCÉE. (la) *l'Herbe S. Étienne.* Est résolutive; mais suspecte, 208.

CISTE. (le) *de Montpellier.* Est astringent, 197.

CITRONNIER. (le) Pour les coliques. ----

Eſt ſtomachique. --- Fébrifuge. --- Anti-
ſcorbutique. --- Vermifuge. --- Et diurétique. *Voyez pages* 18, 41, 47, 128,
151, 168.

Ulceres. --- Et eſt odontique. *Voyez*
*pages* 30, 70, 108, 113, 158, 222.

CONYSE. (la) l'*Herbe aux puces*. Eſt anti-
dyſſentérique. --- Anti-épileptique. ---
Fébrifuge. --- Pour la Jauniſſe. ---Eſt emménagogue. --- Céphalique. ---- Carminative. --- Diurétique. ---- Et apéritive ,
30 , 35 , 47 , 91 , 120 , 133 , 146 , 168 ,
190.

COPALKOCATI. (le) *Arbre de la nouvelle*
*Eſpagne*. Eſt fébrifuge , 48.

COQ. (le) l'*Herbe au Coq*. Eſt ſtomachique.
--- Pour les Plaies. ---Eſt céphalique.---
Carminatif. --- Vermifuge. ----Réſolutif.
----Et vulnéraire , 41 , 108 , 133 , 146 ,
151 , 208 , 214.

COQUELICO. (le) Eſt béchique. ---Pour
la Toux , 236 , 238.

COQUE-LOURDE. (la) *la Paſſe-fleur*. Eſt
fébrifuge. ---- Lithonphtrique. ---- Emménagogue. ---- Pour les Ulceres & vulnéraire , 48 , 103 , 120 , 158 , 214.

COQUERET. (le) l'*Alkekenge* ou *Alke-*
*kengi*. Pour les Coliques. ---- Eſt odontique. ---- Pour la Goutte. --- Les Hydropiſies. ---- La Jauniſſe. ---- Eſt diurétique.
--- Et anti-dyſſentérique , 18 , 25 , 62 ,
83 , 91 , 168 , 223.

CORALLINE. (la) *Coraline* ou *Mouſſe-*
*Marine. Mouſſe qui s'attache au Corail.*

Goutte. --- Eſt apéritive. --- Et fébrifuge. *Voyez pages* 58, 62, 190, 228.

CYMBALAIRE. (la) Pour les Hémorragies. — Et eſt aſtringente, 71, 197.

CYNOGLOSSE *de Provence*. (la) Pour les Plaies. --- Les Ulceres. --- Eſt déterſive. ---Et vulnéraire, 108, 158, 203. 214.

CYNOGLOSSE *Vulgaire* (la) ou *Langue de chien*. Eſt anti-dyſsentérique. ---- Pour les Hémorragies. --- Eſt béchique. ---Pour la Toux. --- Les Ulceres. --- Eſt diurétique. --- Aſtringente. --- Réſolutive. --- Et vulnéraire, 30, 71, 113, 140, 158, 168, 197, 208, 214.

CYPERUS. (le) ou *Souchet rond*. Pour les Coliques, 221.

CYTISE. (le) Eſt apéritif. --- Et réſolutif, 190, 208.

D

DELPHINETTE. (la) *le Pié d'Alouette*. Eſt aſtringent. ---Et vulnéraire, 197, 214. On s'en ſert peu.

DENTAIRE. (la) ou *Orabanche. Queue de Lion, Herbe du Taureau*. Pour les Coliques. --- Eſt carminative. --- Déterſive, —Et vulnéraire, 22. *Orobanche*, 146, 203, 214. *Dentaire*.

DENT DE LYON. (la) *le Piſſenlit*. Pour les Coliques. --- Eſt anti-dyſsentérique.

l'Afthme. --- Les Hydropifies. --- Et eft apéritif. *Voyez pages* 3 , 83 , 190.

EUPATOIRE. (l') Eft hépatique. ---- Pour les Hydropifies. --- La Jaunifse. --- Les maladies de la Peau. --- Eft béchique. --- Emménagogue. ---- Pour la Toux. --- Eft diurétique. ---- Apéritif. --- Et vulnéraire, 58, 83, 92, 97, 113, 120, 140, 168, 190, 214.

EUPHRAISE. (l') Eft céphalique. ---- Et ophtalmique, 133, 180.

*Excellent Remede pour la Brûlure. Voyez pages* 9.

F

FABAGO. (le) *Plante d'Italie*, qui eft une efpece de *Peplus*. Eft vermifuge, 239.

FAUSSE LISIMACHIE. (la) ou *le petit Laurier - rofe*. Eft déterfive. ---- Et vulnéraire, 204, 214.

FENOUIL. (le) Pour l'Afthme. --- Les Coliques. --- Eft anti - épileptique. ----- Stomachique. ---- Fébrifuge. --- Lithonphtrique. ---- Emménagogue. --- Céphalique. --- Pour la Toux. --- Carminatif. Diurétique. --- Ophtalmique. ---- Apéritif. ----Et réfolutif. *Voyez* les *efpeces*, 3, 18, 36, 41, 48, 103, 120, 133, 141, 147, 169, 180, 190, 209.

FÉNUGREC. (le) *appellé improprement* le

M 6

FRITILAIRE. (le) ou *Frételaire*. Eſt réſolutif. *Voyez pages* 209.

FROMENT. (le) Eſt déterſif, 204.

FUMETERRE. (la) Eſt ſtomachique. —
Hépatique. — Emménagogue. — Anti-
ſcorbutique. — Diurétique. — Et apéritive, 41, 58, 120, 128, 169, 191.

FUSTET. (le) *des Corroyeurs*. Eſt aſtringent. — Et vulnéraire, 198, 215.

## G

Hydropisies. --- La Jaunisse. — Est emménagogue. — Et apéritive. *Voyez pages* 63 , 84, 92, 120, 191.

GAUDE. (la) Est apéritive, 191.

GAYAC. ( *le Bois de* ) Pour la Goutte, 230.

GENÊT. (le) Est hépatique. — Pour la Goutte. — Les Hydropisies. — Est lithonphtrique. — Et apéritif, 58 , 63 , 84, 103 , 191.

GENÊT ÉPINEUX. (le) Pour les Hydropisies. --- Et est diurétique, 84, 171.

GENIÉVRE. (le) Pour l'Asthme. — Les Coliques. --- Est odontique. --- Stomachique. --- Pour la Goutte. --- Les Hémorragies. ---- Est lithonphtrique. ---- Béchique. --- Emménagogue. — Céphalique. ---Pour la Toux. --- Est carminatif.--- Pour les Ulceres. --- Est diurétique. --- Et ophtalmique, 4, 19, 26 , 41 , 63 , 71 , 103 , 113 , 120, 134 , 141 , 147 , 159 , 169 , 182.

GENTIANE. (la) *la grande Gentiane jaune. Le Quinquina d'Europe.* Est stomachique. --- Fébrifuge. --- Vermifuge. --- Pour les Ulceres. --- Est apéritive. — Et déterfive, 41 , 49 , 151 , 159 , 191 , 204.

GERMANDRÉE. ( la ) *le Calamandrier. L'Herbe des Fievres.* Est fébrifuge. --- Pour la Goutte. --- L'Hydropisie. --- La

GRATTERON. (le) Eſt hépatique. — Pour
l'Hydropiſie. — Eſt béchique. — Et apéritif. *Voyez pages* 58, 85, 113, 191.

GRATIOLE. (la) *l'Herbe à pauvre homme.*
Eſt anti-dyſsentérique. — Pour les Hydropiſies. — Eſt vermifuge. — Et vulnéraire, 31, 85, 151, 215.

GREMIL. (le) l'*Herbe aux poules.* Pour les
Coliques. — Les maladies de la peau. —
Eſt lithonphtrique. — Diurétique. — Et
apéritif, 19, 98, 103, 170, 191.

GRENADIER. (le) *le Domeſtique.* Pour les
Hémorragies, 71.

GROSELLIER. (le) Pour les Hydropiſies,
85.

GUAINIER. (le) ou *Gainier, l'arbre de Judée.*
Eſt ophtalmique—Et aſtringent, 182, 198.

GUÊDE. (la) ou *Gueſde.* Eſt hépatique. —
Aſtringente. — Et vulnéraire, 58, 198,
215.

GUI. (le) *de Chêne.* Eſt anti-épileptique.—
Pour la Goutte. — Et céphalique, 36,
63, 134.

GUIMAUVE. (la) Eſt béchique. — Et pour
la Toux, 113, 141.

## H

HARICOT. (le) Pour les Coliques. — Eſt
béchique. — Et apéritif, 19, 113, 191.

La Jaunifse. — Eſt lithonphtrique.—Pour
les Plaies. — Les Ulceres. — Et eſt diurétique. *Voyez pages* 26, 85, 92, 104,
109, 159, 170.

HIERACIUM. (l') *La Chicoracée, l'Herbe à
l'Épervier.* ( Par erreur *Chiceracée*, page
215, ligne 22, ) eſt vulnéraire, 215.

HYPPOLITHE. (l') *Pierre qui ſe trouve
ſouvent dans la veſſie du cheval, ou dans
ſes inteſtins.* Eſt vermifuge, 152.

HYSSOPE. (l') pour l'Aſthme. — Eſt béchique. — Emménagogue. — Céphalique. —
Pour la Toux. — Eſt diurétique. — Oph-
thalmique. — Apéritif. — Déterſif. —Vulnéraire. — Et ſtomachique, 4, 113, 121,
134, 141, 170, 182, 192, 204, 215,
226.

HOUBLON. (le) Eſt hépatique. — Pour les
maladies de la Peau. — Eſt diurétique. —
Apéritif. — Et ſtomachique, 58, 98,
170, 191, 226.

HOUX-FRELON. (le) *le petit Houx, & le
Houx.* Pour les Coliques. — Les Hydropiſies. — La Jauniſſe. — Eſt diurétique. —
Apéritif. — Et réſolutif. *Voy.* les ſortes,
20, 85, 92, 170, 192, 209.

## J

JACÉE. ( la ) L'*Ambrette ſauvage.* Pour les
Ulceres, 159.

na, ou *Béconguille*, ( le blond. ) ou *Mine d'or*. Eſt anti-dyſſentérique. — Et apéritif. *Voyez pages* 223, 242.

IRIPA. (l') *Arbre du Malabar*. Pour les maladies de la Peau, 234.

IRIS DE FLORENCE. (l') Pour l'Aſthme. — Eſt anti-dyſſentérique. — Pour les Hémorragies. --- Les Hydropiſies. --- Eſt céphalique. --- Pour la Toux. --- Et eſt apéritif. *Voyez* les *différentes eſpeces*, 4, 31, 72, 86, 134, 141, 192.

JUJUBIER. (le) Eſt béchique. --- Et pour la Toux, 113, 141.

JULIENNE. (la) Eſt diurétique, 171.

JUSQUIAME. (la) Eſt réſolutive. --- Et pour les Ulceres, 209, 239.

IVETTE. (l') Pour la Goutte. --- Les Hydropiſies. --- La Jauniſse. Eſt céphalique. --- Apéritive. --- Et vulnéraire, 64, 86, 92, 134, 192, 216.

K

KAKATODDALI. (le) *Arbriſſeau du Malabar*. Pour la Goutte, 64.

KAMINE-MASLA. (la) *Drogue de Sybérie*. Eſt anti-dyſſentérique, 224.

KAROUATA. (le) *eſpece d'ananas de l'Amérique méridionale*. ( Par erreur *Karmata*, page 49, ligne anté-pénultieme. )

Eſt fébrifuge. --- Et anti-ſcorbutique. *Voyez pages* 49, 129.

## L                              t

LADANUM. (le) ou *Labdanum*. Liqueur réſineuſe, qui découle des feuilles du *Ledum*. Eſt anti-dyſsentérique. --- Et ſtomachique, 31, 226.

LAITERON. (le) Eſt apéritif, 192.

LAITUE. (la) Eſt céphalique. --- Et ophtalmique, 134, 182.

LAMIER. (le) *l'Ortie blanche*. Pour les Hémorragies. --- Eſt béchique. --- Et pour Ulceres, 72, 113, 160.

LAMPOURDE. (la) *le petit Glouteron*. Eſt lithonphtrique, 104.

LAMPSANE. (la) *l'Herbe aux mamelles* ( Par erreur *Lampſade*, pag. 109, lig. 7. ) Pour les Cancers. --- Les Plaies. --- Et les Ulceres, 14, 109, 160.

LANGUE DE SERPENT. (la) *la petite Serpentaire. L'Ophiogloſſe*. Eſt vulnéraire, 216.

LARME DE JOB. (la) Pour les Coliques.--- Eſt lithonphtrique. --- Diurétique. --- Et apéritive, 20, 104, 171, 192.

LAVANDE. (la) Pour l'Aſthme. --- Eſt anti-épileptique. Stomachique. --- Et céphalique, 4, 36, 42, 134.

LAURÉOLE. (le) Pour la Toux. --- Et eſt ophtalmique, 141 , 182.

LAURIER. (le) Pour les Coliques. ---Eſt odontique. --- Stomachique. --- Hépatique. --- Emménagogue. --- Carminatif.--- Diurétique.---Et réſolutif, 20 , 26 , 42 , 58 , 121 , 147 , 171 , 209.

LAURIER CERISE. (le) Eſt ſtomachique, 42.

LENTILLE. (la) Eſt fébrifuge. — Et eſt réſolutive , 50 , 209.

LENTILLE D'EAU. (la) Pour la Goutte.— Les Hémorrhoïdes. — Eſt déterſive. — Et réſolutive, 64 , 79 , 204 , 209.

LENTISQUE. (le) *Arbre d'Égypte & des Indes.* Eſt anti-dyſsentérique. — Stomachique. — Pour les Hémorragies. — Les maladies de la Peau. — Et eſt anti-ſcorbutique, 31 , 42 , 72 , 98 , 129.

LEVESCHE. (la) *Plante marécageuſe.* Eſt ſtomachique , 226.

LICHEN. (le) *celui de la deuxieme eſpece. L'Epatique de fontaine.* Eſt hépatique.— Pour la Jauniſse. — Et les maladies de la Peau, 58 , 92 , 98.

LICHEN. (le) *ceux de la troiſieme , quatrieme & cinquieme eſpeces* ſont vulnéraires , 216.

LICHEN PULMONAIRE. ( le ) Pour les

LIN CATARTIQUE. (le) Eſt fébrifuge. *Voyez page 50.*

LIVÊCHE. (la) ou *l'Ache de montagne.* Eſt emménagogue. — Carminative. — Et diurétique, 21, 147, 240.

LIZERON. ( *le grand.* ) Eſt réſolutif. — Et vulnéraire, 209, 216.

LIZERON ( *le petit* ) *le Lizeret.* Pour les Coliques. — La Goutte. — Eſt déterſif. — Et réſolutif, 20, 64, 205, 209.

LOTIER DES PRÉS. (le) *le Trefle jaune.* Pour les Hémorrhoïdes. — Eſt apéritif.— Et déterſif, 79, 192, 205.

LUPIN. (le) Eſt réſolutif, 209.

## M

MACERON. ( le ) Pour l'Aſthme. — La Toux. — Eſt carminatif. — Et diurétique, 5, 142, 147, 171.

MACRE. (la) *la Châtaigne d'eau.* Pour les Hémorragies. — Eſt ophtalmique. — Aſtringente.-Et réſolutive,72, 182, 198,210.

MALLEA MOTHE. (le) *Arbre du Malabar.* Pour les maladies de la Peau, 234.

MARGUERITE. (la) *la Paquerette ſauvage.* Pour la Goutte. — Les Hémorragies. — Eſt béchique. — Pour les Ulceres. — Eſt ophtalmique. — Déterſive. — Et vulnéraire, 64, 72, 114, 160, 182, 205, 216.

N

## N

## O

anti-scorbutique.—Apéritive.—Et résolutive. *Voy. p.* 32, 52, 94, 130, 193, 210.

OXIPETRE. (l') *espece de Terre qui se
trouve dans le territoire de Rome.* Est fébrifuge, 228.

P

PAIPOIRCA. (le) *Arbre du Malabar.* ( Par
erreur *Paipoirea*, page 66, ligne 6. ) Pour
la Goutte, 66. *Dite.*

PALA. (le) *grand Arbre du Malabar.* ( Par
erreur *Pole*, page 43, ligne 1re ) Est stomachique. --- Et hépatique, 43, 59.

PALIURE. (le) ou *Poliure. Le Porte-chapeau.* Pour l'Asthme. ---- Est lithonphtrique. ----Et diurétique, 6, 104, 174.

PANAIS. (le) Est Carminatif.---Et diurétique, 148, 174.

PANCRATICUM. (le) *espece de squile.* Est
hépatique. ---- Et pour les Hydropisies,
230, 233.

PANICAULT. (le) *le Chardon - Roland.*
Pour les Coliques. --- Les Hémorragies.
---- Est emménagogue. ---- Diurétique. ----
Et apéritif, 22, 73, 123, 174, 193.

PANIS. (le) *le Panic.* Est anti-dysentérique. Et astringent, 32, 199.

PAREIRA-BRAVA. (le) *Racine du Brésil.*
Est lithonphtrique. --- Et diurétique, 235,
240.

Céphalique. --- Vermifuge. --- Diurétique. --- Apéritif. Et aftringent. *Voyez*
*pages* 86, 99, 105, 114, 123, 136,
153, 174, 193, 199.

PÉDICULAIRE. (le) Eft aftringent, 199.

PEIGNE DE VÉNUS. (le) *l'Aiguille.* Eft
diurétique. --- Et vulnéraire, 174, 217.

PENOABSON. (le) *Arbre de l'Amérique.*
Pour les Plaies, 110.

PENSÉE. (la) Eft détersive. --- Et vulnéraire,
206, 217.

PÉRAGRE. (le) *Arbriffeau du Malabar.* Eft
vermifuge. --- Anti-dyffentérique. --- Et
pour les maladies de la Peau, 153, 224,
234.

PERCE-FEUILLE. (la) Eft vulnéraire, 217.

PERSICAIRE. (la) Eft anti-dyffentérique.
--- Réfolutive. --- Et vulnéraire, 32, 210,
217.

PERSIL. (le) pour les Coliques. --- Eft emménagogue. --- Diurétique. --- Et apéritif. *Voyez les fortes,* 23, 123, 174,
193.

PERVENCHE. (la) ou *Clématis.* Eft anti-
dyffentérique. --- Pour les Hémorragies.
--- Eft aftringente. --- Et vulnéraire, 32,
74, 199, 217.

PÉTASITE. (la) Pour l'Afthme. --- Eft fébrifuge. --- Emménagogue. --- Pour la

— Et les Ulceres. *Voyez pages* 6 , 59 ,
94 , 99 , 115 , 143 , 161.

PIERRE. (la) *qui croît dans le fiel du Tau-*
*reau.* Pour la Jaunisse , 233.

PIERRE ASSIENNE. (la) Pour les Ulceres , 161.

PIERRE D'ÉPONGE. (la) Est lithonphtrique. — Et anti-dysentérique , 105 ,
224.

PIERRE JUDAIQUE. (la) Est lithonphtrique , 235.

PIGAMON. (la) *la Rue des Prés.* Pour
les Hémorragies. — Les Ulceres. — Est
diurétique. — Astringente. — Et vulnéraire,
74 , 161 , 175 , 200 , 217.

PILOSELE. (la) Est anti-dyssentérique. —
Fébrifuge. — Pour les Hémorragies. —
les Hydropisies. — La Jaunisse. — Et est
lithonphtrique , 32 , 52 , 74 , 87 , 94 ,
105.

PIMPRENELLE. (la) Est anti-dysentérique. — Fébrifuge. — Hépatique. — Lithonphtrique. — Pour les Plaies. — Les
Ulceres. — Est diurétique. — Apéritive.
— Et astringente, 32 , 52 , 59 , 105 , 110 ,
161 , 175 , 193 , 200.

PIN. (le) Pour les Coliques. — La Goutte.
— Les Hydropisies. — Est béchique. —
Anti-scorbutique. — Pour la Toux. —

POLIUM. (le) Eft céphalique. *Voy. pages* 136.

POLYGALE. (le) ou *Herbe à Lait.* Eft béchique, 115.

POLYPODE. (le) Pour l'Afthme. --- Eft fébrifuge.---Hépatique.--- Pour la Goutte. --- Les Hydropifies. --- La Jaunifse. --- Eft béchique. --- Anti-fcorbutique. --- Pour la Toux. --- Eft vermifuge. --- Et apéritif, 6, 52, 59, 66, 87, 94, 115, 130, 143, 153, 194.

POMME DE MERVEILLE. (la) Pour la Brûlure. --- Les Hémorragies. --- Les Plaies. --- Les Ulceres. --- Et eft vulnéraire, 9, 80, 110, 162, 218.

POMMIER. (le) Pour la Brûlure. --- Les Plaies. --- Eft béchique. --- Vermifuge. --- Pour les Ulceres. --- Eft ophtalmique. --- Et fébrifuge, 9, 110, 115, 153, 162, 183, 229.

POPULAGO. (le) *le Soucy d'eau.* Eft anti-fcorbutique. --- Déterfif. --- Et vulnéraire, 130, 206, 218.

POULIOT. (le) *la menthe des marais.* Pour la Goutte. --- Les Hydropifies. --- La Jaunifse. --- Les maladies de la Peau. --- Eft béchique. --- Emménagogue. --- Pour la Toux. --- Et eft apéritif, 66, 87, 94, 99, 115, 123, 143, 194.

POURPIER. (le) Eft odontique. --- Sto-

*Putiot*, page 52, ligne 19.) Pour les Coliques. --- Eſt ſtomachique. --- Fébrifuge. --- Diurétique. --- Et aſtringent. *Voyez* pages 23, 43, 53, 175, 200.

PYROLE. (la) Pour les Hémorrhoïdes. --- Et eſt vulnéraire, 80, 218.

## Q

QUEUE DE SOURIS. (la) Eſt aſtringente, 200.

QUINQUINA. (le) ou *Quina*. Eſt fébrifuge, 52.

QUINTE-FEUILLE. (la) ou *Penta-phillum. Quinque folium*. Eſt odontique. --- Anti-dyſſentérique. --- Fébrifuge. --- Hépatique. --- Pour les Hémorragies. --- La Jauniſſe. --- Eſt litonphtrique. - - Pour la Toux. --- Les Ulceres. --- Eſt ophtalmique. --- Aſtringente. --- Et vulnéraire, 27, 32, 52, 74, 94, 105, 143, 162, 184, 200, 218.

## R

RAISIN DE MER. (le) Eſt aſtringent, 200.

RAISIN DE RENARD. (le) *la Pariette*. Pour les Coliques. --- Eſt anti-épileptique. --- Pour les Hémorrhoïdes. --- Eſt céphalique. --- Ophtalmique. --- Et réſo-

ophtalmique. --- Aftringente. --- Et vulnéraire. *Voy. pag.* 23, 33, 53, 74, 80, 110, 162, 184, 200, 218.

RÉSÉDA. (le) Eft réfolutif, 211.

RHEUBARBE. (la) ou *Rhubarbe*. Eft anti-dyfsentérique. --- Stomachique. --- Et vermifuge, 33, 224, 227, 39.

RICIN. (le) ou *la Palme de Chrift*. Pour les Hydropifies. --- Et les maladies de la Peau, 87, 99.

RIS. (le) Eft anti-dyfsentérique. --- Et pour les Hémorragies, 33, 74.

ROMARIN. (le) Pour l'Afthme. -- Les Cancers. --- Eft anti-épileptique. --- Fébrifuge. --- Hépatique. --- Pour la Jaunifse. --- Eft céphalique. --- Ophtalmique. --- Aftringent, 6, 14, 38, 53, 59, 94, 136, 184, 200.

ROQUETTE. (la) Eft anti-fcorbutique, --- Pour la Toux. --- Et eft diurétique, 130, 144, 175.

ROQUETTE. (la) ( *de mer* ) Eft anti-fcorbutique, 131.

ROSEAU. (le) Eft emménagogue. --- Diurétique. --- Apéritif. --- Déterfif, --- vulnéraire. --- Et pour la Brûlure, 124, 176, 194, 206, 218, 221.

ROSIER. (le) Eft anti - dyfsentérique. --- Anti-épileptique. --- Pour les Hémorragies. --- Eft céphalique. --- Ophtalmique.

gue. — Carminatif. — Et réfolutif. *Voyez* *pages* 43, 94, 115, 124, 148, 211.

SAGOU. (le) *ou Zagu. Grand Arbre de l'Ifle Ternate, dont la moële de fa tête, mife en farine, produit le grain que nous nommons auffi Sagou.* Eft béchique, 236.

SAIN-FOIN. (le) Eft apéritif, 194.

SALICAIRE. (la) Eft anti-dyfentérique. — Pour les Hémorragies. — Eft ophtalmique. — Aftringente. — Et vulnéraire, 33, 75, 184, 200, 218.

SALIGOT. (le) Pour les Ulceres, 240.

SALOP. (le) Pour les Coliques. — Eft anti-dyfentérique. — Et béchique, 221, 225, 237.

SANG DE BOUQUETIN. (le) ou *de Bouc eftain.* Eft lithonphtrique, 105.

SANG DE DRAGON. (le) Eft anti-dyffentérique. — Et pour les Hémorragies, 33, 75.

SANIELE. (le) *l'Herbe Saint - Laurent.* (Par erreur *Sanicle*, pages 33, 120 & 115, lignes 5, 18 & 25.) Eft anti-dyfentérique. — Pour les Hémorragies. — Les Plaies. — Eft béchique. — Pour les Ulceres. — Eft aftringent. — Déterfif. — Et vulnéraire, 33, 75, 110, 115, 162; 200, 206, 218.

SANTOLINE, (la) ou *Xantoline. La Se-*

SAULE. (le) Eſt anti-dyſsentérique. --- Fébrifuge. --- Pour la Goutte. --- Les Hémorragies. --- Et eſt aſtringent. *Voyez* pages 33, 53, 66, 75, 201.

SAUVEVIE. (la) *la Rue des murailles*. Eſt anti-ſcorbutique, 116, 131.

SAXIFRAGE. (la) Pour l'Aſthme. --- Eſt emménagogue. --- Diurétique. --- Apéritive --- Hépatique. --- Et pour la Jauniſse, 6, 124, 176, 194, 230, 233.

SCABIEUSE. (la) Pour les maladies de la Peau. --- Eſt béchique. --- Pour les Ulceres. --- Eſt ophtalmique. --- Apéritive. --- Déterſive. --- Et vulnéraire, 99, 116, 163, 185, 194 206, 218.

SCAMMONÉE. (la) *de Montpellier*. Eſt réſolutive, 211.

SCAMOUNA. (la) *Arbre des Indes*. Eſt ophtalmique, 185.

SCEAU DE NOTRE DAME. (le) *la Racine Vierge*, ou *Vigne Noire*. Pour l'Aſthme. --- Pour la Goutte. --- Eſt béchique. --- Emménagogue. --- Diurétique. Apéritif. --- Réſolutif. --- Et vulnéraire, 6, 66, 116, 124, 176, 194, 211, 218.

SCEAU DE SALOMON. (le) *le Genouillet*. Pour les maladies de la Peau, 99.

SCOLOPENDRE. (la) ſuivant quelques-uns *Scalopendre*. *La Langue de Cerf*. Eſt hépatique. --- Béchique. --- Et pour les Ulceres. *Voyez* pages, 59, 116, 163.

O

## T

ou *Gomme Catamaque.* Est odontique. --- Céphalique. --- Et vulnéraire. *Voy. p.* 27, 137, 219.

TALICTRON DES BOUTIQUES. (le) Est anti-dyssentérique. --- Fébrifuge. --- Pour les Hémorragies. --- Est vermifuge. --- Pour les Ulceres. --- Est diurétique. --- Détersif. --- Et vulnéraire, 33, 54, 75, 155, 163, 176, 206, 219.

TAMARIS. (le) *d'Allemagne*, ou *Tamarise.* Est hépatique. --- Pour la Goutte. --- Est diurétique. --- Et apéritif, 60, 67, 177, 194.

TANÉSIE. (la) ou *Tanaise.* Est anti-épileptique. --- Stomachique. --- Fébrifuge. --- Pour les Hydropisies. --- La Jaunisse. --- Est emménagogue. --- Céphalique. --- Et vermifuge, 39, 43, 54, 88, 95, 125, 138, 155.

THÉ. (le) Est diurétique. --- Ophtalmique. --- Et fébrifuge, 177, 185, 229.

THÉCA. (le) *le Chêne des Indes.* Pour les Hydropisies. 233.

THLASPI. (le) Pour la Goutte. --- Et est lithonphtrique, 231, 235.

THYM. (le) Pour l'Asthme. --- Les Coliques. --- La Goutte. --- Est céphalique. --- Pour la Toux. --- Est ophtalmique. --- Et résolutif, 6, 24, 67, 138, 144, 185, 211.

TILLEUIL. (le) Pour la Brûlure. --- Est anti-

## X



## Y

*Animaux dont on se sert dans quelques Maladies.*

BELETTE. (la) Est céphalique, 138.

CLO-PORTE. (le) Pour la Jaunisse. — Est lithonphtrique. — Diurétique. — Et céphalique. *Voy. p.* 95, 106, 177, 238.

ŒNAS. (l') *espece de Pigeon sauvage.* Est anti-épileptique, 39.

PUNAISES. (les) sont fébrifuges, 229.

SCORPION. (le) Est lithonphtrique, 106.

URANOSCOPE. (l') *Poisson de mer.* Est odontique, 241.

YN. (l') ou plutôt *Jynx.* Est anti-épileptique, 39.

*FIN de la Table alphabétique.*

---

*Fautes les plus essentielles à corriger.*

*Page* 2, *l'avant derniere ligne*, Laudanum; *lisez* Ladanum.

*Page* 25, *ligne derniere*, Odentalgie; *lisez* Odontalgie.

*Page* 101, *ligne* 4, Androsamum; *lisez* Androsæmum.

*Page* 126, *lig.* 10, on propose ainsi; *lisez* on propose aussi.

*Page* 182 : *ligne* 16, Nielé; *lisez* Mielé.

le Sieur De Maupeou; & un dans celle dudit Sieur Hue DE Miromenil; le tout à peine de nullité des Préfentes : Du contenu defquelles vous mandons & enjoignons de faire jouir ledit Expofant & fes ayans-caufes, pleinement & paifiblement, fans fouffrir qu'il leur foit fait aucun trouble ou empêchement. Voulons qu'à la copie des Préfentes, qui fera imprimée tout au long, au commencement ou à la fin dudit Ouvrage, foi foit ajoutée comme à l'Original. Commandons au premier notre Huiffier ou Sergent fur ce requis, de faire pour l'exécution d'icelles, tous actes requis & néceffaires, fans demander autre permiffion, & nonobftant clameur de Haro, Charte Normande, & Lettres à ce contraires : Car tel eft notre plaifir. Donné à Paris, le vingthuitiéme jour du mois d'Août, l'an de grace mil fept cent foixante-feize, & de notre Régne le troifiéme. Par le Roi, en fon Confeil. *Signé* LE BEGUE.

*Regiftré fur le Regiftre XX de la Chambre Royale & Syndicale des Libraires & Imprimeurs de Paris, Nº 694, fol. 211, conformément au Réglement de 1723, qui fait défenfes, art. 4, à toutes perfonnes, de quelque qualité & condition qu'elles foient, autres que les Libraires & Imprimeurs, de vendre, débiter & faire afficher aucuns livres pour les vendre en leurs noms, foit qu'ils s'en difent les Auteurs ou autrement, & à la charge de fournir à la fufdite Chambre huit exemplaires prefcrits par l'Article 108 du même Réglement. A Paris, ce 3 Septembre 1776.*

*Signé* HUMBLOT, *Adjoint.*

www.ingramcontent.com/pod-product-compliance
Lightning Source LLC
LaVergne TN
LVHW050352060726
842524LV00002B/334